ひと人をあるく

足利尊氏と関東

清水克行

吉川弘文館

『足利尊氏と関東』◆目　次

Ⅲ　足利・鎌倉の故地を歩く……143

転換する尊氏像
―「天下の逆賊」から「病める貴公子」へ―

逆賊尊氏　戦前から戦後にかけて、足利尊氏《あしかがたかうじ》ほど、そのイメージが大きく転換した歴史上の人物は稀であろう。累代にわたって仕えてきた鎌倉幕府を裏切って滅ぼし、さらには天皇に対して弓をひき、その権力を奪取。あげくの果てには、長年の同志であった実の弟まで毒殺してしまう。そんな彼の生きざまは、とくに皇国史観《こうこくしかん》*を奉じる戦前の歴史教育のなかでは、日本の歴史上、比類のない大悪人、「逆賊《ぎゃくぞく》」として位置づけられ、その名を口にするのさえ忌み嫌われる存在であった。

尊氏の血をひく下野《しもつけ》喜《き》連川《つれがわ》藩の当主の家に生まれ、のちに京都大学でインド・ペルシャ学の教授となった足利惇氏《あつうじ》（一九〇一〜八三）は、少年時代、学校で歴史の時間がくるのが大いに苦痛だったそうだ。とくに南北朝時代（当時は吉野朝時代といった）の単元に入る前日には、教官から「こんどの授業から『建武《けんむ》の中興《ちゅうこう》』に入り、足利尊氏の名が出てくる。尊氏は朝廷に刃向った逆賊であるけれども、君は別にそれに関係があるわけではないから気を落とさぬように」と特別に注意をうけたりしたという。それでも、いざ授業になり、教官の口から「逆賊尊氏」の言葉が出るたびに、級友の刺すような敵意の視線にひたすら耐えなければならなかったと、後年述

＊ **皇国史観**　万世一系の天皇による国家統治を日本の特色とする国粋主義的歴史観。古事記・日本書紀に書かれた神話を史実と考え、戦前の軍国主義を思想的に支えた。

懐している。
また、尊氏の墓がある鎌倉の長寿寺《ちょうじゅじ》では、戦前、遠足にきた小学校の生徒たちが「この憎らしい尊氏めが！」といって尊氏の墓石を蹴り崩すことが絶えず、せっかく元どおりに積みなおしても、すぐに石塔は無残に崩されてしまったという。しかも引率の先生はそれを注意するどころか、微笑みをうかべて傍観していたという。こうした体験を見聞きするなかで、惇氏は当時を「いくら懺悔《ざんげ》しても許されない罪が体内の血液のようにしつこく、自分におおいかぶさっている気持ちでいた」と語っている。*

かつて足利氏の所領であり、その苗字の由来ともなった栃木県足利の人々も、その苦境は同様であった。足利出身の子どもが東京へ働きに出ると、「逆賊の土地ッ子」と、しばしば陰湿ないじめをうけたという。また、江戸時代以来の足利名産の絹織物は「逆賊織《ぎゃくぞくおり》」とよばれ不当に蔑まれ、足利氏の菩提を弔う鑁阿寺《ばんなじ》も、戦前は修理されることもなく荒れるに任されていたと伝わっている。*いまから見れば、歴史上の人物の評価云々という以前に、まことに幼稚で心ない行いが横行していた時代であったというほかない。もちろん戦前にも、田中義成《たなかよしなり》（一八六〇〜一九一九）の『南北朝時代史』（一九二二年）をはじめ、客観的な立場から書かれた南北朝時代論もないではなかったが、それもけっきょく主流となることはなかった。

しかし、やがて日本の敗戦により、皇国史観にもとづく歴史研究・歴史教育は否

＊ **足利惇氏の体験談** 『足利惇氏著作集 第三巻 随想・思い出の記』（東海大学出版会・一九八八年）所収の体験談。

＊ **戦前の足利市** 吉川英治『吉川英治歴史時代文庫補五 随筆宮本武蔵・随筆私本太平記』（講談社）で紹介されたエピソード。

定され、実証的・科学的な歴史研究が進められるようになるなかで、歴史上の人物を天皇への忠誠の度合いのみから「善玉」「悪玉」と色分けするような名分論的な言説は次第になりを潜めてゆく。戦後最初に刊行された本格的な通史読み物で、現在も多くの読者をえて重版され続けている中央公論社版の『日本の歴史』では、昭和四十年(一九六五)、第九巻『南北朝の動乱』を実証史家の佐藤進一《さとうしんいち》(一九一六〜)が執筆し、戦前・戦中のタブーを破り、古文書にもとづき等身大の尊氏像を描きだしている。

また文学の世界では、戦後の国民的作家、吉川英治《よしかわえいじ》(一八九二〜一九六二)が、昭和三十三年(一九五八)から足利尊氏を主役にした小説『私本太平記』を執筆し、「逆賊」一辺倒だった日本国民の尊氏イメージを転回させるのに大きく貢献した。なお、『私本太平記』は、その後、平成三年(一九九一)のNHK大河ドラマ「太平記」の原作ともなった。このドラマ以前に大河ドラマにおいて南北朝時代が作品舞台とされたことはなく、天皇家が分裂して争う時代をドラマ化し、なおかつ戦前に「逆賊」とされた人物を主人公としたドラマを制作するのは、戦後も長くタブーとなっていた。そうしたなかで、ドラマ「太平記」は、永原慶二《ながはらけいじ》(一九二二〜二〇〇四)など戦後の歴史学界を主導した研究者らの協力により制作され、当時、最先端の研究成果が導入され、戦前以来のタブーの払拭に大きな役割を果たした。

謎の騎馬武者像

さらに近年、戦前から続く「逆賊尊氏」イメージを決定的に覆したのが、一枚の「騎馬武者像」＊（図版参照）についての研究の進展である。この肖像画こそは、長年、教科書やテレビ映像などで「足利尊氏像」として繰り返し紹介され、多くの日本国民に足利尊氏のイメージを有形無形に植えつけてきた有名なものである。その描写の詳細を見てみよう。

着ている鎧《よろい》こそは雅びな卯《う》の花縅《はなおどし》で像主の高い身分を想像させるが、まず黒馬のうえで、抜き身の刀をかつぎ、背中には折れ矢もみえる、この騎馬武者のたたずまいからして、すでに尋常なものではない。一見してわかるとおり、その姿は、いままさに戦場にあって、乱刃のなかを疾駆している壮絶なもののふの姿なのである。

騎馬武者像
京都国立博物館所蔵。

＊ **騎馬武者像**　旧蔵者である守屋家の伝承や、江戸時代の文献（『集古十種』）が本像を足利尊氏像としており、戦前には国宝に指定された。現在、京都国立博物館所蔵。重要文化財。

乱戦のなかで失われたのか、頭部にはすでに兜《かぶと》もなく、もとどり（髪を束ねる髻《まげ》）も解いて髪を振り乱し、その口もとは黒々とした髭《ひげ》におおわれている。目は釣り目がちだが大きく、鼻筋は太く、濃い髭とあいまって、像主が頑強な意志の持ち主であることを想像させる。

このあまりにも剛胆な騎馬武者像はいつしか、鎌倉幕府や建武政権に叛逆し、後半生の大半を戦場で過ごした足利尊氏の肖像と信じられ、「逆賊」とすらよばれた尊氏の人物イメージを補強する重要なファクターとなり、多くの人々に傲岸不遜《ごうがんふそん》な尊氏像を刷り込んでゆくことになった。

ところが、この騎馬武者像の画中には、そもそも像主が足利尊氏であることを明記するような記述はなく、ただ旧所蔵者の家に「足利尊氏像」であるという伝承がなされているにすぎなかった。そこで一九七〇年代以降、この騎馬武者像が足利尊氏であることに研究者から疑問が投げかけられるようになる。ここでその議論の詳細を紹介することはできないが、主な論点だけを列挙しよう。

まず、一つはこの騎馬武者像の頭上に尊氏の嫡子で室町幕府二代将軍の義詮《よしあきら》の花押《かおう》（サイン）が据えられている点。通常、父親の肖像の上部に息子が花押を据えることはありえない。もう一つは、この騎馬武者像の腰にさげている太刀の柄と馬具の鞍《しおで》（像主の膝の前に見える白い円形の平板。馬の腹にさげる赤い飾りの房をとめるためのもの）に輪違《わちがい》の文様が描かれている点。輪違は、足利家の家紋*ではなく、足利家の

＊ **足利家の家紋**　尊氏の家紋としては、二引両《ふたつひきりょう》（輪の中に横に二筋の線を引いたもの）や、後醍醐から下賜された桐《きり》紋が知られる。

執事の高《こう》家の家紋である。これも通常、主君が家臣の家の紋の入った武具を身につけることはない。そして、さらに言えば、この肖像画は、他に伝えられている尊氏の肖像と容貌がまったく似ていない。こうした諸点から、現在、この騎馬武者像は足利尊氏ではなく、その家宰《かさい》であった高一族を描いたものであると考えられるようになっている。

気弱な貴公子

では、本当の尊氏は、どのような容貌をしていたのだろうか？

騎馬武者像が「足利尊氏像」であることが怪しくなったため、現在の中学・高校の教科書などでは、足利尊氏の肖像として、かわりに京都等持院《とうじいん》所蔵の木像（図版参照）や、尾道浄土寺所蔵の画像（図版参照）が使われることが多くなった。これらの肖像を注視してみると、たしかに騎馬武者像の像主と同一人物とは思えない。ダンゴ鼻に、人の良さそうな垂れ目。面長な顔に、口元の上品な髭。戦場で荒れ狂う騎馬武者のイメージと異なり、これらの尊氏像から伝わるイメージは、育ちの良さからくる上品さに裏づけられた、端正な顔立ちの優男《やさおとこ》のイメージである。

足利尊氏坐像
京都府京都市・等持院所蔵。

足利尊氏像
広島県尾道市・浄土寺所蔵。

もちろん人間を外見だけで判断してはいけないのだが、実際に戦後の歴史学で明らかにされてきた尊氏の人物像も、これらの肖像画からうけるイメージとさほど変わらない。「I　足利尊氏の履歴書」で詳しく述べるように、尊氏は決して功名心や野心を丸出しにして天皇に叛逆したわけではなく、むしろ叛逆後も痛々しいほどその心を痛めていた様子である。心ならずも建武政権に背かねばならなくなったとき、衝動的にもとどりを切りほどき遁世《とんせい》を図ったり、京都を征圧して得意の絶頂のときに、なぜか「この世は夢のごとくに候」という書き出しではじまる厭世観に満ちた遺書のような願文を清水寺に奉納している。こうした不可解な感情の起伏から、尊氏は躁鬱《そううつ》病的な気質の人物であるとまで評価されている。

また、彼の祖父家時《いえとき》は先祖八幡《はちまん》太郎《たろう》義家《よしいえ》の「われ七代の孫に生まれ替わりて天下をとるべし」という遺言を実現できなかった負い目から切腹し、「わが命をつづめて三代のうちにて天下をとらしめたまえ」というハタ迷惑な遺言*を残して死んでい

* 足利家時の遺言　今川了俊が著した『難太平記』に紹介されるエピソード。了俊は尊氏から直々にこの遺書を見せられたという。

ったとされる。このエピソードをもとに小説やドラマなどでは、尊氏は生まれたときから天下人たるべき十字架を背負った人物として描かれることも多い。

心を病み、周囲からの過大な期待に押しつぶされそうになりながらも覇者としての道を目指す気弱な貴公子――。現在、残されている肖像や逸話をもとに構成される新しい尊氏像は、およそ、こういったところのようだ。「天下の逆賊」「日本史上最大の悪人」というレッテルが剥がされた結果、見えてきた現在の尊氏像は、戦前の人物評価とはまるで逆のイメージとなっている。

ただ、現在の尊氏像については、筆者には若干の異論もなくはない。まず「躁鬱病」として片付けられることの多い尊氏の「異常行動」であるが、それらは本当に精神疾患からくるものなのだろうか。たしかに尊氏どころか、尊氏の先祖や子孫（室町将軍）にも奇矯な行動をする者が多く、そのため足利一族は血統的に精神疾患の傾向があるとさえいわれている。しかし、現代人から見れば奇矯な言動に見えるかもしれないが、それらのなかには彼らの置かれた特殊な状況や、中世人特有の心性から説明可能なものも多いように私には思われる。また、祖父家時の遺言にまつわる逸話についても、再検討する余地が残されているように思う。

足利尊氏に迫る

人物と、それにまつわる地域の歴史を紹介する本書では、まず「I　足利尊氏の履歴書」で彼の人生を紹介するが、ここでは彼の精神の揺らぎとそれを生みだした若き日の環境について比較的丁寧に追いかけてみたい。そのうえで「Ⅱ　歴代足利一族をめぐる伝説と史実」では、尊氏の先祖たちの事跡を、現在の栃木県足利市に残された史跡を紹介しながら辿ってゆく。尊氏の先祖については、切腹をした祖父家時をはじめ不可解な最期をとげた人物が多い。ここでは最新説に導かれ、史跡をめぐりながら、彼らの死の真相について考えてみたい。時間軸では第Ⅱ章のほうが第Ⅰ章よりもさかのぼった話になるので、まず尊氏の生涯を考える前提として第Ⅱ章から読みはじめてもらうのも、いいかもしれない。

最後の「Ⅲ　足利・鎌倉の故地を歩く」は史跡ガイドとなっている。とくに栃木足利については、最近、樺崎寺《かばさきでら》跡の発掘などをめぐって鎌倉時代の足利の文化レベルの高さが再確認されるようになっている。本書では、限られた紙面ではあるが、そうした最新の研究成果もできるかぎり採り入れている。本書を読み終えた読者には、ぜひ本書を片手に尊氏や彼の先祖のゆかりの土地を歩くことで、尊氏の精神の遍歴や足利一族の死をめぐる謎解きに御自身でチャレンジしてもらいたい。

人物相関図

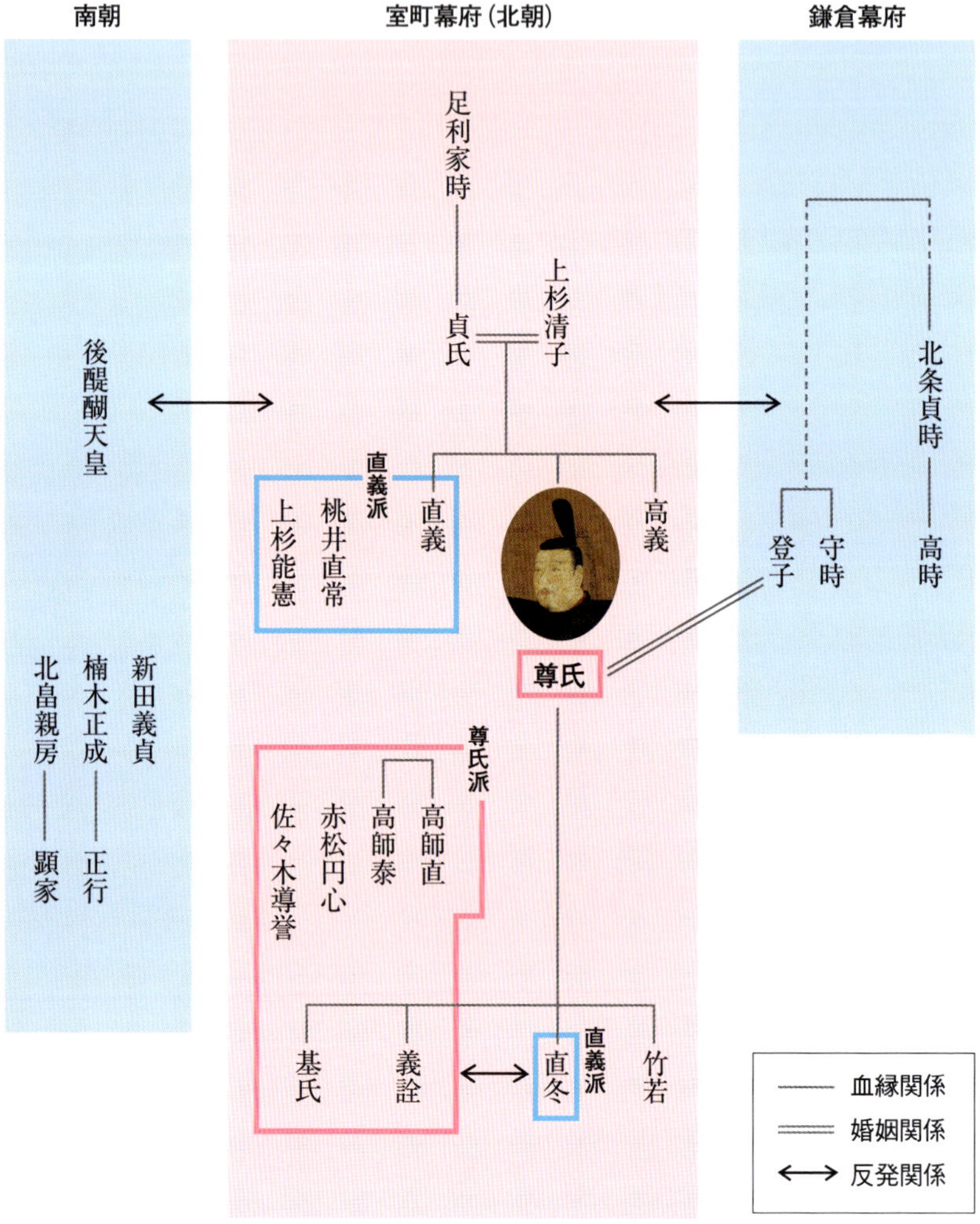

南朝
室町幕府（北朝）
鎌倉幕府
足利家時
貞氏
上杉清子
後醍醐天皇
直義派
直義
桃井直常
上杉能憲
高義
尊氏
北条貞時
守時
登子
高時
新田義貞
楠木正成
正行
北畠親房
顕家
尊氏派
高師直
高師泰
赤松円心
佐々木導誉
基氏
義詮
直冬
直義派
竹若
血縁関係
婚姻関係
反発関係

人物相関

室町幕府関係

高　師直《こうのもろなお》（?～一三五一）　尊氏の執事。南朝の北畠顕家・楠木正行を破るなどの武功をあげ、室町幕府創設に軍事的に貢献する。傲岸不遜な実力主義者で、伝統や権威を重んじない性格だったとされ、尊氏の弟、直義と対立し、観応の擾乱を引き起こす。後世、歌舞伎「仮名手本忠臣蔵」では吉良上野介に擬せられ、悪人の代名詞的存在となる。

足利直義《ただよし》（一三〇七～五二）　尊氏の同母弟。尊氏を補佐して、室町幕府の基礎を築く。室町幕府成立に際しては、「建武式目」の制定や安国寺・利生塔の建立などに尽力。兄と正反対の謹厳実直な性格から幕府の法秩序の確立に貢献するが、武闘派の高師直と対立し、観応の擾乱を引き起こす。理想主義者である反面、目的のためには手段を選ばない行動力もある。最期は、鎌倉で尊氏に毒殺されたとも伝わる。

足利直冬《ただふゆ》（一三二七?～一四〇〇?）　尊氏の庶子。母越前局は尊氏の側室ですらなく、一夜の契りで生まれたため、終始、尊氏の愛情をうけることもなかった。幼くして東勝寺に預けられ、その後、叔父直義の養子となる。そのため尊氏に強い憎悪を抱き、観応の擾乱では九州で直義派として行動。直義死後は南朝に帰順し、尊氏を窮地に陥れる。

夢窓疎石《むそうそせき》（一二七五～一三五一）　臨済宗の僧。後醍醐や尊氏・直義兄弟が篤く帰依した。尊氏らが京都嵯峨に天龍寺を建立した際には、招かれて開山となった。天龍寺船による宋との交易や、安国寺・利生塔の建立に大きく寄与した。その門派は夢窓派とよばれ、室町時代の五山寺院の主流を占めた。著書に、直義との対話集『夢中問答集』がある。

鎌倉幕府関係

北条高時（一三〇三～一三三三）　鎌倉幕府十四代執権。北条家九代得宗。若年で執権になったため、政治は舅安達時顕や内管領長崎高綱・高資の壟断《ろうだん》するところとなった。『太平記』では、ただ田楽と闘犬に耽った暗愚な人物として描かれる。後醍醐の倒幕運動に有効な対策をとれないまま、新田義貞の鎌倉攻略により、東勝寺で一門八百余人とともに自害する。

北条（赤橋）守時《もりとき》（?～一三三三）北条氏の一門で、鎌倉幕府最後の執権。ただし、当時の幕政は内管領長崎氏の影響下にあり、ほぼ実権はなかった。妹登子は尊氏に嫁ぐ。幕府滅亡時には、縁者から叛逆者が出たことを理由に退却を拒み、巨袋坂付近で激戦のすえ自刃する。

南朝関係

後醍醐《ごだいご》天皇（一二八八～一三三九）第九十六代天皇。天皇専制をめざし、正中の変、元弘の変など鎌倉幕府打倒を数度にわたり画策する。宋学を学び、宋朝型の君主独裁政治をめざしていたともいわれる。隠岐に流された後、建武政権樹立に成功するが、その政治は尊氏の離反により二年余りで瓦解する。その後も強靭な意志で起死回生を図るが、退勢挽回ならず、吉野において病没する。

新田義貞《よしさだ》（一三〇一～三八）上野国の御家人。尊氏に呼応して鎌倉を攻略し、北条氏を滅ぼした。そもそも尊氏とは家格の上で大きな開きがあったが、尊氏の離反後、尊氏の対抗馬として南朝の主力となった。北陸地方を転戦するも、越前藤島で戦死。

楠木正成《まさしげ》（?～一三三六）河内国の土豪。後醍醐の倒幕運動に参画し、赤坂・千早城の戦いで、建武政権の樹立に功績をあげる。尊氏が離反した際は、尊氏の能力を評価し、後醍醐に和睦を献言する現実主義者でもあった（『梅松論』）。しかし、その献言は一蹴され、尊氏と摂津湊川で戦い、敗死。尊氏とは対照的に、後世、忠臣の鑑として称揚された。

I

足利尊氏の履歴書

足利尊氏の略歴

嘉元３年（1305）　生まれる。
徳治２年（1307）　弟直義生まれる。
元弘３年（1333）　倒幕の挙兵。鎌倉幕府を滅ぼす。
建武２年（1335）　中先代の乱。
建武３年（1336）　『建武式目』制定、室町幕府発足。
暦応元年（1338）　征夷大将軍に任命される。
貞和５年（1349）　観応の擾乱はじまる。
文和元年（1352）　弟直義、没する。
延文３年（1358）　没する。

一　薄明のなかの青春

妾腹の子　鎌倉幕府が創建されて百年あまり、未曾有の大事であったモンゴル帝国の襲来からも二十年以上の歳月が流れた嘉元《かげん》三年（一三〇五）――。足利尊氏は、足利貞氏《さだうじ》と上杉清子《うえすぎせいし》の子として生まれた（初名は「高氏」であるが、本書では「尊氏」で統一する）。

生まれた場所は定かではなく、足利氏の本領である下野国《しもつけのくに》足利荘（現在の栃木県足利市）であるという説のほか、鎌倉であったという説、母方上杉氏の本領である丹波国何鹿郡《たんばのくにいかるが》八田郷《やた》上杉（現在の京都府綾部市上杉）であったという説などがある。この時期、足利氏は急速に北条得宗家《ほうじょうとくそう》*（北条氏嫡流）に接近し、都市鎌倉に活動基盤を移していたので、とりあえず鎌倉で生まれたというのが今のところ最も有力な見解である。

ただ、尊氏の場合、出生地すら不明確であるというのには、わけがあった。あまり一般には知られていないことだが、じつは彼にはひとりの兄がおり、尊氏は誕生の時点では足利家の後継者になる予定ではなかったのだ。

尊氏の兄、高義《たかよし》は、尊氏よりも八歳年長で、永仁《えいにん》五年（一二九七）に誕生してい

＊ 得宗　鎌倉幕府の執権であった北条氏の家督のこと。具体的には、時政・義時・泰時・時氏・経時・時頼・時宗・貞時・高時の九代をさす。

た（『蠹簡集残編　六』所収「足利系図」）。母は、北条一族中の名族である金沢顕時《かねさわあきとき》＊の娘で、のちに釈迦堂殿と称せられる女性だった。足利氏の当主は代々北条一族の女性を正室に迎えていたが、貞氏もその例外ではなく、金沢北条氏の娘を正室とし、そのあいだに生まれた高義を当初は嫡男としていたのである。

これに対し、尊氏の母、上杉清子は、後世の文献には足利貞氏の「室」（正室）と

＊ 金沢氏　北条義時の孫、実時にはじまり、顕時―貞顕と続く北条氏の支族。家名は、実時が武蔵国金沢郷に金沢文庫をつくり拠点としたことに由来する。

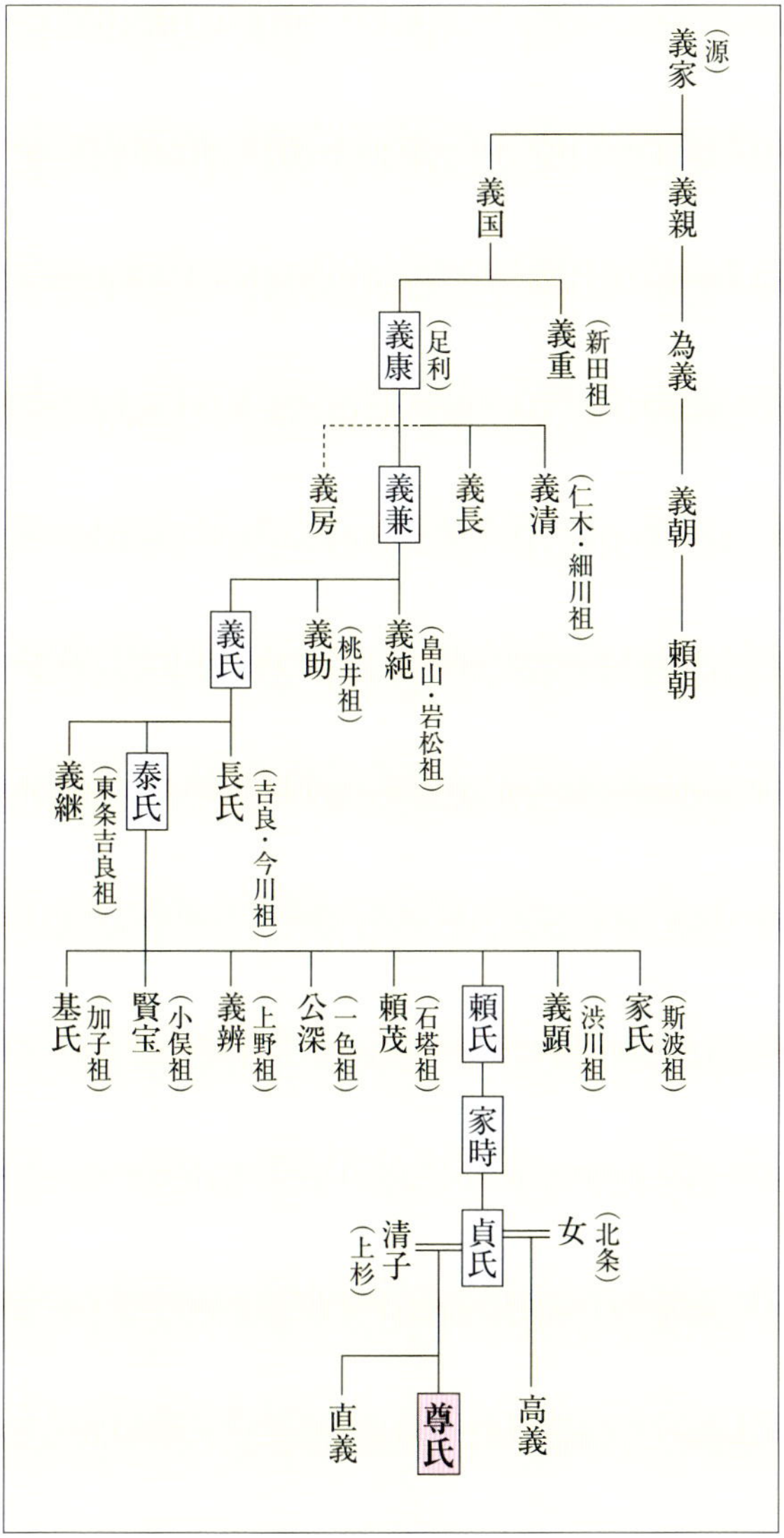

足利氏略系図

記されているもの（「稲荷山浄妙禅寺略記」）もあるが、実際には上杉家は足利家の家臣筋で、彼女は貞氏の「家女房」（『尊卑分脈《そんぴぶんみゃく》』）とも称される側室であった（おそらく彼女の生んだ尊氏がのちに足利家の当主になるにおよんで、後世、彼女が貞氏の正室と認識されるようになってしまったのだろう）。貞氏と清子のあいだには尊氏出生の二年後*に、のちに尊氏の片腕として活躍する直義《ただよし》（初名は「高国」とも「忠義」ともされるが、本書では「直義」で統一する）も生まれているが、あくまでふたりは側室の子であり、また二男・三男でもあることから、当初は足利家の家督とは何の縁もない立場におかれていたのである。また、尊氏を生んだとき、父貞氏は三十三歳、母清子は三十六歳という、当時としては十分な壮年に達していたが、それもすでに足利家には高義という立派な跡取りがいたことを思えば、さほど不思議なことではない。尊氏・直義兄弟は、両親がすでにもう若くない年齢になって生まれた妾腹《しょうふく》の二男・三男坊であり、そのまま何事もなければ、彼らが歴史に名をとどめることも決してなかったはずの存在なのであった。

兄高義の死

尊氏の兄、高義の履歴をたどるのは容易ではないが、正和《しょうわ》四年（一三一五）十一月には「足利左馬助《さまのすけ》」の名で鶴岡八幡宮《つるがおかはちまんぐう》の僧円重《えんじゅう》に対して供僧職《くそうしき》を安堵していることが確認できる（「鶴岡八幡宮寺供僧次第」）。ときに高義は十九歳。このとき父貞氏はまだ四十三歳であったが、すでに三十歳以前には心身に変調をきたしており、十年ほど前、尊氏が生まれる前後には出家をとげてしまっていた。おそら

＊ **直義の生まれ年**　一般的には徳治元年（一三〇六）生まれで、尊氏とは一歳違いとされているが、新史料『賢俊僧正日記』によれば、徳治二年生まれで、尊氏とは二歳違いである。

く、この時点で足利家の家督も、貞氏から高義へと譲られてしまっていたのだろう。

ところが、ここで尊氏の運命、ひいては大袈裟ではなく日本の歴史を大きく変える不測の事態がおこる。文保《ぶんぽう》元年（一三一七）六月、兄高義がわずか二十一歳の若さで早世*してしまうのである（『蠹簡集残編　六』所収「足利系図」）。これにより、妾腹の二男坊だった尊氏に、にわかに注目が集まるようになる。しかし、この時点で尊氏は、まだ十三歳。一方、「足利系図」（『続群書類従《ぞくぐんしょるいじゅう》』）によれば、兄高義には「某安芸守」と「源淋　田摩御房」とよばれる少なくともふたりの男児があった。また、高義の生母で貞氏の正室の釈迦堂殿がまだ健在であることを思えば、尊氏への家督継承は決して確定的なことではなかったようだ（釈迦堂殿は暦応《りゃくおう》元年〈一三三八〉九月没。「稲荷山浄妙禅寺略記」）。

文保二年（一三一八）九月には、貞氏の名前で、長《ちょう》七郎季連に能登《のと》国土田荘《つちだのしょう》上村半分以下が安堵されている（松雲公採集遺編類纂）。つまり、高義の死後、隠居したはずの貞氏が再び足利家の家督の座に復帰し、家政をとりしきっているのである。おそらく、ふたりの孫はまだ幼く、二男の尊氏も年少であることから、やむなく貞氏が中継ぎ役として再登板したのだろう。この時点では、まだ足利家の家督は尊氏に継承されるのか、それとも高義の遺児に継承されるのか不透明だったはずで、尊氏は依然として家督後継候補のひとりにすぎなかったのである。

事実、この後、貞氏は中継ぎ役とはいいながら、元徳《げんとく》二年（一三三〇）正月まで

＊**高義の菩提寺**　高義の母は、彼の死を悼み鎌倉妙浄寺の隣に延福寺を建立する（「稲荷山浄妙禅寺略記」）。延福寺は現在廃寺。

文書を発給し続けており（金沢文庫古文書）、なお十五年近く家政を運営していたことがうかがえる。それに対し、尊氏が当主として発給した文書は、元徳四年（一三三二）*二月まで下らないと確認できない。けっきょく貞氏は元徳三年（一三三一）九月に五十九歳で死去するまで、家督を手放さなかったようである。兄高義がわずか十九歳で家督を継承していたのに対し、尊氏が足利家家督の座に就くのは、父の死後、ようやく彼が二十七歳になってからのことだった。幼少期、〝日陰の身〟におかれていた尊氏の境遇は、必ずしも兄の死によって劇的に変化したわけではなく、その後も彼の存在は十年以上にわたって中途半端な立場におかれ続けていたのである。

最初の妻と子

尊氏は十五歳になると、当時の慣例にしたがい元服し、元応《げんおう》元年（一三一九）十月に朝廷から従五位下《じゅごいのげ》・治部大輔《じぶのだゆう》の官位を与えられている（『公卿《くぎょう》補任《ぶにん》』）。このとき尊氏が従五位下・治部大輔という官位を与えられたという事実をもって、尊氏が足利家の家督後継者として確定されたとする見解もあるが、後述するように、この数年後、尊氏がまだ従五位下であるときに、弟である直義にも従五位下・兵部大輔《ひょうぶのだゆう》という官位が与えられている。とすれば、このとき尊氏が叙爵・任官されたこと、それ自体を即座に家督後継者の地位と結びつけることはできないだろう。

むしろ、その一方で彼の元服の際の仮名《けみょう》（通称名）が「又太郎」であったという

＊最初の尊氏文書　元徳四年二月二十九日付足利高氏安堵状（木戸宝寿宛）（上杉家文書）が現存最古。

ことは無視できない。なぜなら、代々足利家の嫡男は「三郎」を名乗るきまりになっていたからだ。このきまりは厳密に守られ、先祖家氏は嫡男からはずされたことで、仮名を「三郎」から「太郎」に変えているほどである（家氏については、百十五頁参照）。兄の死後にもかかわらず、尊氏が「又太郎」と名づけられている事実は、このとき依然として彼が家督後継者としては微妙な地位にあったことを示しているのだろう。十代から二十代前半にかけての多感な年頃に尊氏がおかれた中途半端な立場は、その後の彼の人格形成に少なからぬ陰影を与えているように、私には思えてならない。

こうした不安定な立場にあったときの尊氏の心の慰めになっていたもののひとつが、和歌の世界であった。尊氏のつくった和歌は、嘉暦《かりやく》元年（一三二六）六月に成立した勅撰和歌集《ちょくせんわかしゅう》『続後拾遺集《しょくごしゅういしゅう》』に採られており、すでに二十二歳のときに彼は勅撰歌人になっていたことが知られる。しかも、元応元年（一三一九）の『続千載集《しょくせんざいしゅう》』のときにも、彼はわずか十六歳で作品を撰者に送っていたらしい。残念ながら、そのときは入撰にはいたらなかったが、鎌倉幕府の最末期には尊氏は和歌の世界では、それなりの知名度を得るほどの人物になっていたようだ。

そして、彼のもうひとつの心の支えとなったのが、小さいながらも彼が初めて築いた家族であった。尊氏には生涯六男四女、計十人の子女がいたことが確認できるが、その「長男」（『太平記』*）となったのが竹若《たけわか》とよばれる男の子であった。系図『尊

＊『太平記』　南北朝の動乱を描いた軍記物語。著者は不詳であるが、小島法師や恵鎮・玄恵が関与したとされる。応安四年（一三七一）頃成立。

卑分脈』によれば、竹若は、足利家の庶流、加子《かこ》基氏の娘と尊氏のあいだに生まれた子どもである。竹若は、伊豆山走湯権現《そうとう》*（現在の静岡県熱海市）に住んでいたが、鎌倉幕府滅亡時、母の兄で走湯権現密厳院別当《みつごんいんべっとう》*の覚遍《かくへん》に匿《かくま》われて、山伏姿で抜け出し、都を目指したとされる（『太平記』）。このとき竹若という幼名を名乗っていた以上、元服前であったことはたしかだが、山伏姿に変装して逃亡したとすれば、まったくの乳幼児であったとは考えにくい。おそらく当時十歳前後にはなっていたのではないだろうか。だとすれば、逆算すれば、竹若は一三二〇年前後には誕生していたことになる。尊氏がまだ十代後半頃のことである。

竹若の母の父、加子基氏は足利泰氏《やすうじ》の末子で、足利一族の庶家にあたる人物である。この頃、尊氏は足利家の後継候補の一人であったとはいえ、先行きは不透明で、実体は妾腹の二男坊であることを考えれば、その妻には加子氏ていどの身分の者こそがふさわしい。将来に対する展望が開けぬまま、当初、尊氏は加子氏との婚姻関係を築くことを真剣に模索していたようだ。そして、もしその路線が順調に維持されていたとすれば、尊氏も加子氏も竹若も、ごく普通の鎌倉御家人の家族として、ごく普通の人生を送っていたのかもしれない。

赤橋登子

ところが、周囲の環境がそれを許さなかったようだ。尊氏は、最終的に北条一族の赤橋《あかはし》*氏から赤橋登子《とうし》を正室に迎えることになる。尊氏について書かれた伝記のなかには、登子との婚姻が尊氏の元服直後であるかのように記述してあ

＊**伊豆山走湯権現**　静岡県熱海市伊豆山にある現在の伊豆山神社。箱根権現と並び「二所」とよばれ、源頼朝以来、鎌倉幕府に崇敬された。

＊**密厳院別当**　走湯権現の別当寺。戦国時代に豊臣秀吉の兵火により廃絶。熱海市伊豆山四三二一（字寺山）の五輪塔群（伝斎藤実盛墓）が密厳院跡と考えられており、現在でも五輪塔七十五基・宝篋印塔八基をみることができる。そのほか、現地では般若院の境内に五輪塔二十九基、門前に五輪塔七十七基・宝篋印塔三基が集められており、わずかに中世走湯権現の偉風を偲ぶことができる。

＊**赤橋氏**　北条義時の三男重時の子、長時にはじまり、義宗―久時―守時と続く北条氏の支族。家名は、重時の亭宅の近くの鶴岡八幡宮の池の赤橋に由来する。

る文献もあるが、その婚姻がいつのことであったか、じつは明確な史料は存在しない。登子とのあいだの第一子、義詮《よしあきら》が元徳二年（一三三〇）、尊氏二十六歳のときに生まれていることを考えれば、彼と登子の婚姻は、元服直後というよりは、それから十年近く経ってからのことだったのではないだろうか。

おそらく、中継ぎ役の先代貞氏が年老いてゆく一方であるのに対して、高義の遺児が成人するのはまだまだ遠い先のように思える。そうした時間の経過のなかで、もう立派に成人した尊氏の存在は、日増しに足利家のなかでその存在感を増していったのだろう。また遠く京都では、正中《しょうちゅう》元年（一三二四）に、いわゆる「正中の変」*が発覚しており、すでに後醍醐《ごだいご》天皇の倒幕の策謀も顕在化している。そうして緊張の度合いを増してゆく政局も、しだいに足利家中で成人した尊氏の存在を浮上させていったにちがいない。

しかし、尊氏を足利家の家督に据えるうえで、最大の障壁は、なんといっても北条氏との血縁がないということだった。足利家の当主は、代々北条一族の娘を正室に迎えていたため、歴代当主のほとんどは北条一族を外戚とする立場におかれていた。早世した兄高義も金沢北条氏を母にしていたため、彼が死ぬことさえなければ、おそらく足利―北条の姻戚関係はその後も円満に継続していったはずである。しかし、高義の不慮の死によって、足利家の歴史のなかではきわめて異例なことに、北条一族を外戚にもたない庶出の尊氏が現実味のある当主候補として浮上してしまっ

＊ 正中の変　正中元年（一三二四）、後醍醐天皇が鎌倉幕府討伐計画を企て失敗した事件。後醍醐は幕府に陰謀への不関与を弁明したことから罪を許され、かわりに側近の日野資朝が佐渡に流罪となった。

たのである。その後の歴史を考えると、このことのもつ意味は大きい。

なぜなら、足利歴代当主のなかで北条一族の血をひかない人物は、尊氏とその祖父家時《いえとき》ぐらいだからである。そして祖父家時も、母は尊氏と同じ上杉氏であった。はたして、北条氏と血縁のない家時は、北条得宗家の圧力のまえに自刃に追い込まれ、無残な最期をとげることになる（第Ⅱ章参照）。まさに当主尊氏の誕生は、その家時以来の、北条氏との距離のある当主の出現を意味していたのである。

とすれば、先々代家時の二の舞はもうごめんだ。そう考えて、足利家内外の何者かが仕掛けた弥縫《びほう》策が、尊氏と赤橋登子との婚姻だったのではないだろうか。北条氏の名門、赤橋氏と婚姻関係をもつことは、尊氏の血統上の弱点を埋めるための最上の策だったはずである。この婚姻と、それに続く北条氏と足利氏との血縁につらなる義詮の誕生により、尊氏の家督継承は初めて確固たるものになったものと思われる。おそらく足利家の執事であった高師重《こうのもろしげ》*あたりの画策ではなかっただろうか。

義詮誕生四年前の嘉暦元年（一三二六）には、これまで無位無官で放置されてきた尊氏の弟直義が、突然、二十歳で初めて従五位下・兵部大輔に叙任されている（『公卿補任』）。こうした直義の急な昇進なども、同時期の尊氏と登子との婚姻による足利氏と北条氏の接近という事態によって初めて実現したものと思われる。

一夜の過ち

やがて元徳二年（一三三〇）には、尊氏と登子とのあいだに嫡男義詮が生まれる。しかし、その陰で、加子氏の娘と、それ以前に尊氏と彼女とのあ

＊高師重　鎌倉末期の足利家の執事（?～一三四三）。高師直・師泰兄弟の父。貞氏・尊氏二代に仕え、建武三年（一三三六）に執事職を師直に譲る（『執事補任次第』）。

いだに生まれていた竹若の運命は暗転することになる。登子との婚姻以前、加子氏の娘が尊氏の正室であったのか側室であったのかは明らかではないが、いずれにしても登子との婚姻により彼女の地位は側室に確定する。そして義詮誕生により、竹若の地位も尊氏の庶長子に貶められてしまうことになる。尊氏が鎌倉幕府に叛逆したとき、すでに竹若は鎌倉の足利本亭におらず、伊豆山走湯権現の伯父のもとに預けられていたとされるが、これなども、この時点で、もはや竹若が足利家から遠ざけられてしまっていたことを物語っていよう。尊氏は北条一族との婚姻により、家督後継者の座を確かなものとしたが、その地位は、青春の日にみずからが築こうとした小さなひとつの家庭の犠牲のうえに成り立つものだったのである。

そして、もうひとつ、尊氏の家族関係でいえば、後々まで彼を苦しめることになる悲劇の種がこのときに蒔《ま》かれることになる。南北朝内乱の風雲児、足利直冬《ただふゆ》の出生である。『太平記』によれば、直冬は尊氏と「越前《えちぜん》ノ局《つぼね》」という女性のあいだに「一夜通ヒ」で生まれたとされている。そのため、どうも尊氏は直冬を一夜の過ちで生まれた子ども、もしくは本当に自分の子どもかどうかすら疑わしい男と考えていたらしい。結果、尊氏は生涯にわたり彼に父親としての愛情を示すこともなく、終始、冷たくあしらい続ける。これにより叔父直義の養子とされてしまった直冬は、胸中に尊氏に対する強い憎悪の念を秘め、やがて実の父を死ぬまで追いつめる運命を背負うことになる。

この過酷な運命の子、直冬の生まれ年は伝わっていないが、応永《おうえい》七年（一四〇〇）に七十四歳で死去したという「足利将軍家系図」（『系図纂要《けいずさんよう》』）の記載をもとに逆算すれば、彼は嘉暦二年（一三二七）に生まれたことになる。これに従えば、直冬は尊氏二十三歳のときの出生で、義詮よりも三歳年長であったということになる。尊氏と登子の婚姻が義詮誕生の直前であったとすれば、直冬の母「越前ノ局」なる女性は、尊氏が登子と婚姻を結ぶ直前に、尊氏と「一夜通ヒ」の性愛関係をもったことになるだろう。

本来なら日の目をみることのない〝妾腹の二男坊〟の境遇から、兄の不慮の死により足利家の家督後継者に祭りあげられ、周囲から北条一族との婚姻までお膳立てされてゆく過程で、二十代前半の尊氏の胸中にはいかなる感慨があったのか。いまは推測する手立てはない。しかし、想像をたくましくすれば、直冬の母との一夜かぎりの関係は、自身の意向とは無関係に運命の階段を上らされていく尊氏が、婚姻前《マリッジ・》不安《ブルー》のなかで表わした、自身の運命へのささやかな抵抗であったのかもしれない。しかし、そうした若き日の焦燥のなかで犯した一夜の過ちの代償は、あまりに高く、この後、彼を生涯にわたって深く苦しめ続けることになる。

元弘の乱

義詮誕生の翌年九月、それを待っていたかのように貞氏は死去する。五十九歳。足利家の当主として北条得宗家への配慮に精神をすり減らした生涯だった。かわって、ついに尊氏が二十七歳で正式に足利家の当主となる。

この年八月、西国では後醍醐天皇が二度目の倒幕活動を開始し、大和国笠置山《やまとのくにかさぎやま》（現在の京都府相楽郡笠置町）に兵を挙げていた（元弘《げんこう》の乱）*。そこで九月になって鎌倉幕府の得宗北条高時《たかとき》は、この反乱の鎮定のために大仏貞直《おさらぎさだなお》・金沢貞冬《さだふゆ》らとともに、まだ父貞氏の喪《も》もあけぬ尊氏に討伐軍の大将を命じている。家督相続後の尊氏にとって初の大仕事である。が、このとき父の弔いも満足に行えないまま出征させられたことで、尊氏の心中には幕府に対して割り切れない複雑な感情が萌《きざ》すことになる。

それでも、西上した尊氏らは、わずか二日間で笠置山を陥落させ、陰謀の主魁《しゅかい》、後醍醐の身柄の拘束に成功する。あっけない勝利に、にわかに尊氏の声望は高まったが、このとき尊氏は十一月まで京都に留まるものの、あとは朝廷に挨拶を入れることもなく、他の大将たちを置いてさっさと鎌倉へ帰還してしまい、花園《はなぞの》上皇を呆れさせている（『花園天皇日記』）。この出陣が尊氏にとって不本意なものであったことは、こうした尊氏の些細な行動からもうかがえよう。

捕縛された後醍醐は、翌元弘二年（一三三二）三月に隠岐島《おきのしま》に流罪となる。幕府は、このと

尊氏進軍

「太平記絵巻」第３巻「山崎攻事付久我畷合戦事」ニューヨーク・パブリックライブラリー所蔵

＊ **元弘の乱**　元弘元年（一三三一）、後醍醐天皇が企てた二度目の鎌倉幕府討伐クーデタ。計画が事前に漏れたため、後醍醐は笠置山に立て籠もるが捕らえられ、隠岐に流罪となる。幕府は新たに光厳天皇を擁立するが、河内で楠木正成らの抵抗は続き、やがて足利尊氏・新田義貞の反逆を誘発し、幕府は滅亡する。

きの尊氏の活躍に対し、六月になって従五位上の位階を与えている（『花園天皇日記』裏書）。それまでの足利家は貞氏の病弱や高義の早世などがあり、なかなか幕府内で存在感を発揮することができなかったが、本人の気持ちとは裏腹に、尊氏は家督継承からわずか一年で一躍、北条氏権力の一翼を担う枢要な地位につかされることになったのである。

しかし、不屈の闘志をたぎらせる後醍醐は、元弘三年閏二月、隠岐島を脱出し、伯耆国船上山《ほうきのくにせんじょうさん》（現在の鳥取県東伯郡琴浦町）に三度目の兵を起こす。これをうけ三月、北条高時は再度、尊氏に名越高家《なごえたかいえ》＊らとともに後醍醐討伐の出征を命じる。さきの笠置攻めのときは父貞氏の服喪中であったが、こんどは尊氏自身が病中にあった。しかし、そんなことはまったく顧慮しない幕府のまたもや一方的な命令に、尊氏の胸中で幕府に対する不信は決定的なものになった。尊氏は表向きは、この命令にしたがい西上の途につくが、ついに幕府に叛逆し、一気に京都の六波羅探題《ろくはらたんだい》＊を攻撃することになる。

とはいえ、二度にわたる幕府の一方的な命令に嫌気がさしたというだけで、いくらなんでも、そう簡単に叛逆に踏み切るとは思えない。それが直接の契機だったとしても、この尊氏の叛逆については、もう少し根深い背景がありそうだ。

裏切りの伏線

これまで尊氏が幕府に叛逆した理由については、孫の尊氏に「天下取り」の悲願を託した祖父家時の置文の存在や、北条氏のまえで多年の鬱屈を余

＊ 名越高家　鎌倉末期の幕府方の武将（？～一三三三）。名越氏は、北条義時の次男朝時から続く北条氏の支族。尊氏とともに西国に出兵するが、あまりにも華美な出立ちが敵の目印となり、集中攻撃をうけて討ち取られたという。

＊ 六波羅探題　承久の乱後、京都に設置された鎌倉幕府の出先機関。朝廷の監視と西国の政治・軍事を管轄した。長官は南方・北方の二名からなり、北条氏の一族から選ばれた。

儀なくされてきた足利氏の宿怨、あるいは源氏の棟梁《とうりょう》としての尊氏の自負などが、要因として大きく取り上げられてきた。しかし、現在の研究水準では、そのいずれも尊氏叛逆の主要因としては認めがたいものがある。詳しくは第Ⅱ章で述べるが、まず祖父家時の置文については、実在したことは確かなようだが、それはどうも室町幕府成立後に自身の「天下取り」を正当化するために、他ならぬ尊氏・直義兄弟によって喧伝《けんでん》されたものである可能性が高く、この置文の存在に尊氏が拘束されて叛逆を決意したというのは、どうも眉唾くさい。

また、足利氏の多年の怨恨という点についても、そのまま受け入れるわけにはいかない。鎌倉時代の足利氏が北条氏権力をつねに意識し、彼らの顔色をうかがいながら生き延びていた存在であることは、第Ⅱ章に詳述するように事実であるが、一方で彼らは尊氏がそうであったように、幕府内で随一の家格を与えられ、それなりの厚遇をうけてきた。倒幕は祖父家時・父貞氏以来の悲願であるという言説は、たしかに『梅松論《ばいしょうろん》』*や『難太平記《なんたいへいき》』*にうかがえるが、これも被害者性を演出して、尊氏らの叛逆を正当化するための、いわば「足利神話」であった可能性が高い。そもそも幕府内秩序に完全に浸ってしまった彼らには倒幕や、ましてみずからが幕府を開くなど想像もできないことだったのではないだろうか。

さらに、尊氏自身の源氏の棟梁としてのプライドについても、言われるほどのものが尊氏の胸中にあったかどうか、疑わしい。これも第Ⅱ章の内容の先取りになる

＊『梅松論』　室町幕府の成立過程を記した史書。著者不明。貞和五年（一三四九）頃の成立。足利氏側の立場から書かれているが、内容は史実に即しており、史料的価値は高い。

＊『難太平記』　今川貞世（了俊）の書いた室町前期の史書。応永九年（一四〇二）頃の成立。足利将軍家の歴史と今川家の功績を語る。書名は後世のものだが、『太平記』の誤りを批判している箇所があることに由来する。

が、そもそも足利氏の庶家のなかには斯波《しば》家や吉良《きら》家など、足利よりも兄筋にあたる家が多くある。それらの家のなかには、あえて足利氏の兄筋にあたることを誇示しようとする家も少なくなかったようで、そうしたなかで室町時代以前に「足利嫡流家＝源氏の棟梁」という意識がどれほど浸透していたかはわからない。また、尊氏自身、長年にわたり足利家の〝妾腹の二男坊〟の地位にあり、家督の継承はつい最近のことだった。彼個人が、言われるほどにみずからの血統についての自負があったとは思えない。

むしろ、尊氏を叛逆に走らせた決定的な要因は、やはり彼自身が北条氏の血をひかない、北条氏と距離のある人物であることにあったのではないだろうか。それに対し、かわりに尊氏の外戚となった上杉氏は、もとは京都に出自をもつ中下級貴族であり、尊氏の母清子の祖父重房《しげふさ》の代で鎌倉に下ってきた家系であった。そのため上杉氏は西国の情勢を的確に判断することができ、後醍醐側と接触する手だても兼ね備えていた可能性が高い。実際、尊氏が鎌倉から京都に出征するさい、一番最初に幕府への叛逆を進言したのは、清子の兄にあたる上杉憲房《のりふさ》＊であった（『難太平記』）。そして西上中の尊氏に、ひそかに後醍醐の綸旨《りんじ》＊を届け、近江国鏡宿《おうみのくにかがみのしゅく》（現在の滋賀県蒲生郡竜王町）で再三にわたり挙兵を促したのも細川和氏《かずうじ》と上杉重能《しげよし》（憲房の養子、尊氏の従兄弟）であった（『梅松論』）。また、家時・貞氏が生前から倒幕の意志をもっていたという『難太平記』にある予定調和的な足利神話も、元をただせば清子が生

＊**上杉憲房**　鎌倉末～南北朝時代の足利方の武将（？～一三三六）。尊氏の母、清子の兄。尊氏に鎌倉幕府への叛逆をすすめる。尊氏が建武政権から離反すると上野国守護となるが、京都四条河原で尊氏兄弟を九州に逃がすため奮戦し、戦死。

＊**綸旨**　天皇の命を奉じて蔵人が出す文書。多く薄墨色の宿紙が利用された。

前の彼らから聞きとった事実とされ、清子を介して流布された話であったらしい。

結局、上杉氏を中心として、家中で北条氏に特別な恩義を感じることなく、北条氏の風下に立つことを潔しとしないグループに背中を押されるかたちで、尊氏は叛逆に踏み切ったのである。さきに、兄高義の死がその後の日本の歴史を大きく変えることになった、と私が書いたのは、こうした尊氏の出自をふまえてのことである。おそらく北条氏を母にもつ兄高義が存命であったならば、足利家は謀叛に突き進むことはなかったであろう。

ただ、叛逆を躊躇《ちゅうちょ》させる要因として、尊氏の場合、正室登子が北条氏の出身であり、彼女との間にすでに嫡子義詮が生まれているという事情があった。尊氏の西国出兵にさいし、得宗北条高時は周到にも、その妻子を人質として鎌倉に留め置かせ、幕府に二心《ふたごころ》ない旨の起請文《きしょうもん》*の提出を求めている（『増鏡《ますかがみ》』）。そうである以上、幕府に叛逆するということは、彼女らを見殺しにするということを意味していた。母の実家をとるか、妻の実家をとるか。現代人の感覚からすれば尊氏は身を切られるような重大な決断を迫られていたということになる。しかし、たしかに中世社会において正妻のもつ権限（主婦権）は、私たちが思っている以上に強かったが、それ以上に強かったのが、母のもつ権限（母権）であった。二つの利害が相反したとき、当時の社会では当主の母方の利害（母権）が優先されるのが最も一般的であった。妻と母との板ばさみのなかで、尊氏は最終的に母方の血筋を優先させてしまったわ

＊ **起請文**　自分の言動に嘘や偽りがないことを神仏に誓う文書。これに違背した場合、神仏の罰をこうむることになる。

けだが、中世社会においては、それは何ら不思議なところのない、必然的な選択だったといえる。

ここまでの尊氏の人生は兄の死から始まって赤橋家との婚姻と、みずから運命を切り開いてゆくというよりは、運命に翻弄《ほんろう》される側面ばかりが強かったが、ここ一番の幕府への叛逆の決断についても、やはり外戚上杉氏をはじめ周囲の環境が大きく影響していたようである。

幕府滅亡　かくして尊氏は、近江国鏡宿で、ひそかに後醍醐から北条高時追討を命じる綸旨を獲得した後、四月十九日に京都に入る。その後、幕府軍は二手に分かれ、名越高家は山陽道、尊氏は山陰道を進撃する手はずになっていたが、四月二十七日、京都を出立した直後に名越高家は後醍醐側の赤松円心《あかまつえんしん》*に敗れ、戦死してしまう。一方の尊氏は予定どおり粛々と山陰道を進み、足利家の所領であった丹波国《たんばのくに》篠村荘《しのむらのしょう》*（現在の京都府亀岡市）に腰をすえ、この日をさかいに幕府への叛逆を公然とさせる。ここで尊氏は、わずか数日の間に、石見《いわみ》の益田《ますだ》氏・播磨《はりま》の島津《しまづ》氏をはじめとする中国地方の武士のみならず、陸奥《むつ》の結城《ゆうき》氏・豊後《ぶんご》の大友《おおとも》氏など東北から九州にまたがる全国の武士に倒幕への協力を呼びかける文書をばらまいている。一見すると、突如として尊氏が精力的な活動をみせ、颯爽《さっそう》と歴史の檜舞台《ひのきぶたい》に躍り出たかの感がある。しかし近年の研究は、こうした尊氏の多数派工作の背景には、伯耆《ほうき》船上山《せんじょうさん》の後醍醐との緊密な連携があったことを明らかにしている。尊氏は、山陰

---

* **赤松円心**　南北朝時代の播磨の武将（一二七七〜一三五〇）。名は則村。元弘の乱では、護良親王の令旨をうけ反幕府軍として活躍。尊氏が建武政権から離反すると、これに従い播磨白旗城でゲリラ戦を展開した。

* **丹波国篠村荘**　現地の篠村八幡宮（亀岡市篠町篠八幡裏四。馬堀駅より徒歩二十分）は尊氏挙兵の地とされ、尊氏自筆とされる願文などを伝える。境内には尊氏が旗を結びつけたという旗立楊《やなぎ》や、尊氏が鏑矢《かぶらや》を奉納したという矢塚などが残る。

篠村八幡宮
京都府亀山市。

で身動きのとれない後醍醐から全国の武士への動員指令を一任され、その忠実な代行者として活動していたのである。

五月二日、尊氏は篠村で二通目の後醍醐からの綸旨を受領する。同じ日、鎌倉に囚《とら》われていた妻登子と義詮は無事、大蔵谷《おおくらだに》の足利氏本亭を脱出することに成功する。この出来事により幕府は初めて尊氏の叛逆を知ることになり、鎌倉市中ににわかに動揺が走る。

五月七日早朝、尊氏の文書に呼応して続々と篠村に集結してきた武士たちを糾合《きゅうごう》し、ついに尊氏は京都を急襲する。両軍は都を舞台に午後まで死力を尽くして戦うが、最後に幕府軍は六波羅に追いつめられ、夜になって六波羅探題政庁は陥落する。六波羅探題北方《きたかた》の北条仲時《なかとき》は、後伏見《ごふしみ》法皇・花園上皇・光厳《こうごん》天皇を擁《よう》し、鎌倉を目指し落ちのびるが、途中、武装した百姓たちの度重なる襲撃をうけ、ついに近江国番場宿《ばんばのしゅく》（現在の滋賀県米原市）の時宗道場で、配下の四百名あまりとともに壮絶な自害をとげる。いまも米原市の蓮華寺《れんげじ》*裏手の山には、このとき命を絶った六波羅探題一行を弔った無数の五輪塔が残されている。

一方、関東では五月八日、上野国《こうずけのくに》（現在の群馬県）で新田義貞《にったよしさだ》が倒幕の兵を挙げる。

* **蓮華寺**　浄土宗（もと時宗）。八葉山。滋賀県米原市馬場五一一。米原駅からバスで十分。六波羅探題一行の最期の地であり、境内裏手には四百三十二名の北条一族・郎等を供養した五輪塔がある。

六波羅探題一党の墓
米原市・蓮華寺内。

この新田義貞の挙兵に先立つ四月二十二日、新田氏の支族である岩松《いわまつ》氏に宛てて尊氏から北条氏討伐の「御内書《ごないしょ》」がいち早く出されていることが確認されている。ここから、近年では、この新田義貞の挙兵も、尊氏の挙兵と偶然に一致したわけではなく、あらかじめ尊氏の意向をうけて歩調を合わせて行われたものであると考えられるようになっている。実際、鎌倉に残留していた足利留守居軍は尊氏の嫡子義詮を奉じて鎌倉を脱出した後、上野国新田荘で挙兵して新田軍に追随し、まだ四歳の義詮を独自の「大将」に押し立てて鎌倉へ進撃している。

この倒幕軍は周辺の武士を味方に引き入れ、時とともに兵力を増強させ、五月十二日には武蔵国《むさしのくに》の小手指河原《こてさしがわら》（現在の埼玉県所沢市）、十三日には久米川《くめがわ》（現在の東京都東村山市）、十五日には分倍河原《ぶばいがわら》（現在の東京都府中市）でつぎつぎと幕府軍を打ち破ってゆく。ついには鎌倉を包囲し、五月二十一日には稲村ケ崎《いなむらがさき》を突破し、人家を焼き払いながら怒涛の勢いで鎌倉市街に乱入する。翌二十二日、進退きわまった北条高時以下一族・郎党八百七十余人は、菩提寺の東勝寺《とうしょうじ》でことごとく自害。尊氏が叛逆の意志を表明してからわずか一カ月足らず、ここに、まことにあっけなく鎌倉幕府は滅亡する。

なお、尊氏と加古氏の娘とのあいだに生れた長男竹若は、尊氏挙兵時には伊豆山走湯権現に預けられていた。彼も弟義詮と同様、尊氏挙兵を知ると、伯父の密厳院《みつごんいん》別当覚遍《かくへん》にともなわれ山伏姿に身をやつし出奔し、西国をめざした。しかし、途中、駿河国《するがのくに》浮島《うきしま》ヶ《が》原《はら》（現在の静岡県沼津市）で幕府の使者に発見され、あえなく刺殺されてしまっている。当時、浮島ヶ原*は、富士山の裾野に広がる広大な潟湖《ラグーン》と駿河湾にはさまれた細長い砂州で、中世東海道はその砂州上を通る一本道だった。おそらく身を隠す間道のない、この一本道の上で、彼らは幕府の追手に発見されてしまったのだろう。

それは系図『尊卑分脈』に書かれた覚遍の没年月日「元弘三・壬（五）・八」から考えて、五月八日の出来事と考えられる。尊氏の叛逆に対する幕府側の憎悪を一身にうけた竹若の首は、あわれ同行者たちの首とともに浮島ヶ原に晒《さら》されたという。

尊氏は、この長男をよほど不憫に思ったのだろう。この後、駿河国有度《うど》郡《ぐん》下島《しもじま》（現在の静岡市駿河区）の宝樹院《ほうじゅいん》（現在、静岡市葵区所在の勝地山新善光寺）を菩提所《ぼだいしょ》と定め、懇切な後世供養を行なっている（『大日本史料』貞治二年六月六日条）。

足利義詮の墓
三島市・宝鏡院内。

なお、現在、箱根から浮島ヶ原に出る手前の東海道沿いの三島市川原《かわはら》ヶ《が》谷《や》にある宝鏡院《ほうきょういん》*という寺には、「足利義詮の墓」*と伝えられる墓石が残されている。しかし、京都で死んだ二代将軍の墓がこの地にあるというのは、あまりに不審である。あるいは、これは本当は竹若の墓で、いつしか「尊氏

---

* **浮島ヶ原**　鎌倉時代の浮島ヶ原の光景は、榎原雅治『中世の東海道をゆく』（中公新書）に詳しい。

* **宝鏡院**　臨済宗建長寺派。地福山。三島市川原ヶ谷一四二―一。三島駅から徒歩三十分。義詮の墓は、もと寺の二〜三百メートル南に所在。現在は他の五輪塔と集められ、どれが義詮の墓か判然としない。義詮の位牌も伝わるが、戦前は「逆賊」の位牌として屋根裏に隠されており、伊豆大震災による本堂倒壊で再発見されたという（林晴雄住職のご教示）。

* **義詮の墓**　田辺久子氏は、宝鏡院にある義詮の墓は京都から遺骨が分骨されたものと想定している。

の長男」という情報が誤伝され、義詮の墓とされてしまったのかもしれない。〝日陰の身〟にあった尊氏が歴史の檜舞台に引っぱり出されていった陰で、ひとりの少年が歴史の闇に消えていったことになる。

二　尊氏と後醍醐

尊氏の人間的魅力

足利尊氏が篤く帰依した禅僧、夢窓疎石《むそうそせき》*は、尊氏の人間的な魅力をつぎの三点から説明している（『梅松論』）。以下、意訳して紹介すると、

（一）お心が強くて、合戦のときに命の危険に遭うことがたびたびであっても、逆にそのお顔は笑みを含んで、まったく死を怖れるようすがない。

（二）生まれつき慈悲深く、他人を憎むということを知らず、多くの仇敵《きゅうてき》すらもお許しになっており、しかも彼らに我が子のように接する。

（三）お心が広く、物惜しみするようすがなく、金銀すらも、まるで土石のようにお考えで、武具や馬などを人々に下げ渡すときも、財宝とそれを与える人とをとくに確認するでもなく、手にふれるに任せてお与えになってしまう。

煎じつめれば尊氏の人間的な魅力とは、並はずれた度量の広さということになろ

＊　夢窓疎石　鎌倉末～南北朝期の臨済宗の僧（一二七五～一三五一）。後醍醐天皇や足利尊氏の崇敬をうけ、甲斐恵林寺、京都天竜寺などを開いた。

夢窓疎石像
鎌倉市・黄梅院所蔵。

うか。敵であっても降参すればそれを許し、家臣に対しても物惜しみせずに財宝を分け与える。あげくに、戦場で危機におよんでも、見苦しく生き死にのこだわりをみせない。もちろん夢窓疎石と尊氏の親密さを考えれば、この評価には少々身内びいきが含まれているのかもしれない。

しかし、こうした尊氏の人物像については、他のエピソードでも、あるていど共通しているようだ。（二）の仇敵に対する寛容性ということについては、事実として畠山国清《くにきよ》＊や斯波《しば》高経《たかつね》をはじめとして、いちど敵方に走った者でも降参すれば、尊氏はそれを許容して幕閣に迎えている。

（一）の戦場での振る舞いについても、たしかに尊氏は生涯に何度となく戦場で生死の危機に直面している。そうしたとき尊氏の顔は「笑み」を含んでいた、と夢窓疎石は語るが、危機に陥ったとき、なぜか笑いはじめてしまうというのが、尊氏の不思議な癖だったようだ。ある戦場では、矢が雨のように尊氏の頭上に降り注ぐのを、近臣が危ないからと自重を促したところ、やはり尊氏は笑ってとりあわなか

＊ **畠山国清**　南北朝期の武将（?〜一三六四）。観応の擾乱では、はじめ直義方につくが、尊氏に帰順。鎌倉府の執事となる。

ったという（『臥雲日件録抜尤《がうんにっけんろくばつゆう》』享徳四年正月十九日条）。『源威集《げんいしゅう》』*のなかでも、ある合戦で周囲の者たちが尊氏に陣屋内に引きさがることを進言すると、尊氏は「例の笑み」を浮かべて、「合戦に負ければみなが一緒に死ぬだけだから、いまさら陣屋に下がっても意味がないだろう。いよいよ敵が迫ってきたら、自害するタイミングだけ教えてくれればいいよ」と言って、悠然《ゆうぜん》と盃を取り寄せさせている。わざわざ「例の笑み」と書かれているぐらいだから、戦場での尊氏の不思議な微笑は、これに限らず尊氏の近辺に仕える者にはよく目撃されるものだったのだろう。『源威集』の著者は「たとえ鬼神が近づいてきたとしても、まったく動揺する気配がない」と、尊氏の胆力を褒めちぎっているが、部下からみれば、これほど頼りがいのある大将はいない。

さらに（三）の物惜しみがないという点についても、たとえば、当時流行していた八月一日の八朔《はっさく》*の祝いのとき、尊氏のもとへは山ほど贈り物が届いていたが、尊氏は届いたそばから、それをつぎつぎと人にくれてしまうので、けっきょくその日の夕方には贈り物は尊氏のもとには何ひとつ残らなかったという逸話が伝わっている（『梅松論』）。そうした姿勢は戦場においても同様で、尊氏は戦場で抜群の功績のあった者をみると、すぐに感激し、みずから筆をとり、その場で恩賞を与える旨の文書を気軽に書き与えるのを常としていた。尊氏のこうした自筆文書は「軍陣《ぐんじん》の下文《くだしぶみ》」とよばれているが、尊氏の与える恩賞は文書や所領にかぎらなかった。尊

＊『源威集』　河内源氏の歴史と正当性を語る史書。作者は不明。嘉慶年間（一三八七～八九）の成立。武家政権確立過程における東国武士の活躍を主に描く。

＊八朔　八月一日に主従や知人間で贈り物のやりとりをする風習。鎌倉時代の関東で生まれ、室町時代には幕府の儀礼にも取り込まれた。

足利尊氏所用日月図軍扇
九州国立博物館所蔵。右側に尊氏の花押が見える。

氏は戦場で感極まると、低い身分の者にも腰にさしていた太刀を与えたり、ときには手にしていた軍扇《ぐんせん》にサラサラと花押《かおう》（サイン）をしたためて下し与えるということもしている（九州国立博物館所蔵「日月図軍扇」）。

戦場ではまったく死を恐れない一方、家臣の実績に対しては手放しで喜びを表現する。こうした陽気で無頓着な尊氏の姿を見聞きした家臣たちは、みな「命を忘れて死を争い、勇み戦うことを思わない者はいなかった」という（『梅松論』）。これが尊氏の最大の人間的魅力であり、同時代にも比類のない絶大なカリスマ性の秘密であった。

八方美人で投げ出し屋

ところが、こうした尊氏の個性は、時と場合によっては彼の政治家としての欠点をも秘めていた。そもそも（二）の降参人に対する寛容な処遇については、厳しい見方をすれば、決然とした対応のとれない彼の武将としての「甘さ」ともいえるだろう。また、（三）のだれかれなく贈り物をしてしまう天真爛漫な、その性格は、悪くいえば無軌道であり、政治家としては軽躁《けいそう》で思慮に欠けるともいえる。

しかし、より深刻なのは、（一）の死を恐れない不思議な性分であった。戦場で危機に陥っても笑っているうちはいいのだが、いよいよ事態が深刻になると、彼はあっさり自害しようとして、その生涯で何度となく周囲を慌てさせている。尊氏は、正月の吉書《きっしょ》（書き初め）に毎年「天下の政道、私あるべからず。生死の根源、早く切断すべし」と書いていたと伝えられている（『臥雲日件録抜尤』享徳四年正月十九日条）。どうも勇気があるというよりは、元来、彼には生死に対する執着が希薄だったようだ。

また、尊氏は自身の命への執着が薄いというだけではなく、親族や腹臣であっても状況次第では意外に冷たく突き放すところがある。実子である竹若や直冬への対応はすでにみたとおりであるし、この後、弟直義や執事《しつじ》の高師直《こうのもろなお》との関係がこじれたときも、苦楽をともにしてきたわりには、面倒になると案外あっさりとこのふたりを切り捨ててしまっている。ふだんは相手によらず無類の愛着を示しておきながら、状況次第では簡単に見切ってしまう、やや無節操ともいうべき傾向が、尊氏の対人関係にはままみられる。

そう考えると、夢窓疎石が指摘した三点にわたる尊氏の人間的魅力については、それを度量の広さ、と評することもできるが、裏を返せば、すべてにおいて無頓着、ということもできる。よくも悪くも〝無私〟の人というべきだろうか。その場、その場では周囲に気を使い、適当に他人にいい顔をみせるのだが、それはとくに深い思慮があってのことではなく、状況が暗転すると、簡単にすべてを放り出してしまう。八方美人で投げ出し屋――、だれのなかにも大なり小なりある、こうした傾向が尊氏の場合、少しばかり人よりも強かったのかもしれない。

このような、みずからを明るく周囲に調和させようと努める一方で、内に虚無主義《ニヒリズム》を抱える彼の性格が、はたして彼の生まれもっての性格なのか、周囲の環境によって育まれたものなのか、明確にはわからない。ただ、これまでの尊氏論はあまりにそれを先天的な気質としてとらえすぎてきたように思えるので、私は、転変する環境のなかで彼自身が後天的に身につけてしまった性格と考えてみたい。いずれにしても、この後、歴史の檜舞台に立った尊氏は、その性格ゆえに歴史の流れに少なからぬ影響を与えてゆくことになり、その性格ゆえに独自の苦悩も背負ってゆくことになる。

建武政権下の尊氏

後醍醐天皇像
清浄光寺所蔵。

六波羅探題《ろくはらたんだい》陥落の報に接するや、元弘《げんこう》三年（一三三三）六月五日、後醍醐天皇は伯耆船上山から帰洛を果たし、いよいよ念願の「建武《けんむ》の新政」に着手する。即日、後醍醐は、倒幕の最大の功労者であった尊氏に内昇殿《ないしょうでん》＊を許し、あわせて鎮守府《ちんじゅふ》将軍《しょうぐん》＊に任じている。さらに同月十二日には、尊氏を従四位下・左兵衛督《さひょうえのかみ》に叙任し、弟直義《ただよし》を左馬頭《さまのかみ》に任じている。また、八月五日には、それまで北条高時の「高」の字をもらい「高氏」と名乗っていた尊氏に、後醍醐は自身の実名である尊治の「尊」の字を与え、名を「尊氏」と改めさせ、さらに従三位の位とともに、これまで北条氏が独占してきた武蔵守《むさしのかみ》の職までもを与えている。

しかし、後醍醐が尊氏に与えた恩典は、ここまでであったとされる。後醍醐は〝武家の棟梁〟である尊氏がこれ以上に力をつけることを警戒し、このほか一切、政権の要職からは排除したという。一方、〝武家の棟梁〟としての自負をもつ尊氏はこれを不満とし、政権の外部で独自の求心力を発揮してゆき、やがて両者は袂《たもと》を分かつことになる、というのが、これまでの一般的な説明であった。たしかに『梅松論』をみると、建武政権の中枢から不自然に尊氏が排除されたことについて、当時の人々が「高氏なし」と言って噂しあっていたという記述もある。

ところが、どうやら実態はちがったようだ。六波羅陥落の五月七日以降、尊氏は京都に「奉行所《ぶぎょうしょ》」を設置して、彼の呼集に応じて全国から続々と馳せ上ってくる武士たちが提出する着到状《ちゃくとうじょう》＊を受理し、これに証判《しょうはん》を据《す》えるという作業を精力的に行なっている。この作業は後醍醐の帰洛以後も続けられ、元弘三年中に尊氏が証判を据えた着到状は、現在、確認できるだけでも七十通にものぼる。従来、この尊氏

＊**内昇殿**　内裏の清涼殿の殿上の間に昇ること。

＊**鎮守府将軍**　陸奥国に置かれた軍政機関（鎮守府）の長官。奈良～平安時代に任命された後、長く廃絶。南北朝時代に尊氏や北畠顕家が任命され、名目的に復活する。

＊**着到状**　主君のもとに駆けつけた武士が到着した旨を記して上申した文書。これを受け取った大将や奉行は証認の文言と花押を記して返し、後日の恩賞の証拠とした。

の活動は、鎌倉幕府にかわる次の幕府を開くための独断専行と考えられており、すでに建武政権は発足とともに尊氏という大きな癌を抱えていたと論評されてきた。しかし、前述のとおり、ここまでの尊氏の全国への軍勢催促は後醍醐の公認のもと行われてきたものであり、それに呼応して上洛してきた武士たちに証判を与えるのは、後醍醐も認めるところであった。むしろ、まったく同じ時期に後醍醐の皇子護《もり》良親王《よししんのう》が、独断で令旨《りょうじ》*による権限発動を続けたり、勝手な戦功認定を継続しているのに比べれば、尊氏のそれは、あくまでも諸国の武士と後醍醐とのあいだの誠実な仲介者として、節度を守った行動であったとさえいえるだろう。

五月三十日、尊氏は腹臣の細川和氏《かずうじ》・頼春《よりはる》・師氏《もろうじ》の三兄弟を、息子義詮の応援のために鎌倉に派遣している。すでに鎌倉幕府は新田義貞によって滅ぼされていたが、当時、義貞はそのまま鎌倉に居すわり続けていた。細川三兄弟は鎌倉に乗り込むと、義貞とわたりあい、最後は義貞に自身に野心がないことを誓約する起請文を提出させ、鎌倉を明け渡させている（『梅松論』）。おなじ清和源氏の一族とはいえ、京都の公家たちから「高

護良親王出陣図
個人蔵。

＊ **令旨**　本来は、皇太子や三后（太皇太后・皇太后・皇后）の命令を伝えるために出される文書。平安中期以降、親王・法親王・女院の出す文書も指すようになる。

氏が一族なり」「尊氏の末の一族」という程度の認識しかされていなかった義貞が足利氏と対等にわたりあうことなど、まだこの段階では到底無理なことだった。それに加えて、そもそも義貞の挙兵自体、後醍醐の委任をうけた尊氏の公的な指示によるものであった以上、義貞はこれに抵抗する正当性をもちえなかった。これにより義貞の倒幕の功績は、すべて足利氏のもとに回収された。この年末、建武政権下で弟直義が、鎌倉府《かまくらふ》*として関東支配を委ねられる素地は、ここに用意されたといえる。

同じ頃、九州では鎮西探題《ちんぜいたんだい》*が五月二十五日に陥落している。これ以前、九州では三月に菊池武時《きくちたけとき》が鎮西探題を襲撃しているが、あえなく失敗している。しかし、この菊池の蜂起には従わなかった九州武士たちが、わずか二カ月後には探題館を急襲し、これを陥落させることに成功している。尊氏は、四月二十九日付で、九州の大《おお》友貞宗《ともさだむね》・島津貞久《さだひさ》・阿蘇惟時《あそこれとき》に宛てて「髻《もとどり》文書」とよばれる小絹布に書かれた密書を発しており、これが直接には鎮西探題の息の根をとめることになった。この後、翌年九月になると、尊氏は九州での規矩高政《きくたかまさ》・糸田貞義《いとださだよし》の反乱に対処するべく、九州諸国の守護に対して「綸旨」を根拠にした鎮西警固の指示を出している（島津家文書）。ここからも、建武政権下において尊氏が個別の守護に指示すら出すことのできる公的な立場にあったことがうかがえよう。後に尊氏が建武三年に九州に敗走したとき、わずかの期間で九州の武士たちの支持をとりつけ、中央に返り咲くこと

*鎌倉府　後醍醐天皇が鎌倉に設置した関東統治の出先機関。元弘三年（一三三三）十二月、成良親王に足利直義を補佐役として副えて派遣される。

*鎮西探題　モンゴル襲来後、鎌倉幕府が九州地方を統治するために設置した役所。北条一族が長官に就任し、九州の御家人の統率と訴訟裁断を任務とした。

ができたのも、こうした基盤があってのことだった。

以上のように、建武政権内の尊氏の立場は、『梅松論』にいう「高氏なし」というような状況とはかけ離れており、むしろかなり高い次元から全国の武士に指示を出す役割すら委ねられていたことがわかる。政権内部の機構についても、新設された雑訴決断所《ざつそけつだんしょ》や武者所《むしゃどころ》などには尊氏配下の高師直《こうのもろなお》らが少なからず参画しており、元弘三年十二月には弟直義に関東十カ国を統括する独立行政府である鎌倉府が委ねられている。北畠親房《きたばたけちかふさ》*は『神皇正統記《じんのうしょうとうき》』のなかで、そうした建武政権の実態を「尊氏の一族でもない者までが多く昇進し、なかには昇殿まで許された者までいる。そういうわけだから、ある人などは『公家の世に帰るのかと思ったら、それどころか、さらに武士の世になってしまった』と言ったという」と述べている。こんなところが真実の実態だったのではないだろうか。

『梅松論』や『難太平記』は、『太平記』ほどの物語性はなく、同時代の人々の証言として貴重な史料である。ただ、いずれも足利家関係者の著述であることから、「足利神話」ともよぶべき足利家寄りの記述や歪曲があることは十分に注意せねばならない。「高氏なし」という話も、尊氏が建武政権下で冷遇されていたことを強調し、被害者性を打ち出すことで、この後の尊氏の謀叛を正当化しようとする意図のもとに記述されたのではなかろうか。

護良親王との対決

だとすれば、この間の経緯から浮かび上がる尊氏像は、〃武

* 北畠親房　鎌倉末〜南北朝期の公卿（一二九三〜一三五四）。南朝方の政治・軍事の中心人物として活躍した。南朝の正統を説く『神皇正統記』や故事書『職原抄』を著した。

家の棟梁〟としてのプライドのもと、新たな幕府を開くために野心をむき出しにした人物というよりは、あくまで後醍醐の〝侍大将《さむらいだいしょう》〟として忠勤に励む実直な命令代行者のひとりといったところだろうか。不屈の闘志を抱き、理想実現のためには手段を選ばない後醍醐とは、およそ対照的な人物といえるだろう。当初の尊氏は、あくまで後醍醐の政権に寄り添い、それを支える役割に徹していたといえる。

ところが、その政権内で尊氏に与えられた役回りが、しだいに彼に多くの武士たちの期待を集めることになってゆく。地方から新時代の不安を抱えて参集してきた多くの武士たちは、都で尊氏もちまえの気前の良さに接することで、新たな指導者としての尊氏に心酔していったようだ。望むと望まざるとにかかわらず、尊氏は建武政権の要《かなめ》として、その地位を浮上させていったのである。

そうした尊氏の周囲に生まれはじめた磁場に苛立《いらだ》ちを募らせていったのが、護良親王だった。倒幕運動を初期から支えてきたにもかかわらず、粗暴な振る舞いのために政権内で相応の地位を与えられなかった護良の恨みは、政権発足の早い段階から父後醍醐ではなく尊氏に向けられていた。建武元年(一三三四)三月と六月、ついに彼は新田義貞・楠木正成《くすのきまさしげ》・名和長年《なわながとし》*を巻きこみ二度にわたり尊氏暗殺計画を実行に移すが、それはいずれも尊氏方の当日の警護が厳しかったために失敗に終わっている。この暗殺計画は「叡慮《えいりょ》」(後醍醐天皇の意志)に基づいていたともいわれるが、だとすれば、後醍醐もこの頃から尊氏の存在に警戒感を抱き始めていたのかもしれ

＊**名和長年**　南北朝時代の伯耆(鳥取県)の武将(?〜一三三六)。素性は明らかでなく、鰯売りだったという説もある。元弘の乱では、後醍醐天皇の隠岐島脱出に尽力。尊氏離反のさいに、九州から東上する尊氏軍を京都で迎え撃ち、敗死。

ない。そのことを知った尊氏は、後醍醐に対して猛烈な抗議を行なっているが、後醍醐は護良らが意を遂げられなかったことを知るや、一転して「まったく叡慮にはあらず」と弁解し、護良を切り捨てる態度にでる。十月、護良は謀叛《むほん》の罪で捕縛され、翌月、その身柄は鎌倉府を預かる直義のもとに送致《そうち》されてしまう。こうして尊氏と護良の対立は、護良側の自滅というかたちで決着がつけられた。そして、この事件の経緯をきっかけに、尊氏は後醍醐に対しては多少強い態度で臨むことも、ときに得策であることを学習していったようだ。

中先代の乱

幕府滅亡後も、なお全国各地で建武政権に対する局地的な反乱はくすぶっていた。しかし、建武二年（一三三五）七月、ついに政権の存亡にかかわる重大な反乱が関東で勃発する。いわゆる「中先代《なかせんだい》の乱」である。北条高時の遺児、時行《ときゆき》は信濃《しなの》に潜伏していたが、このとき諏訪《すわ》氏ら信濃武士の協力を得て蜂起し、またたく間に鎌倉を奪還してしまったのである。鎌倉府として、成良《なりよし》親王とともに鎌倉にあった直義は、わずか数日の戦闘で多くの一族を失い、鎌倉を捨てて西走している。この反乱は当時から「中先代」の乱と呼ばれているが、これは北条時行一党の鎌倉支配を「先代」（鎌倉幕府）と「後代」（室町幕府）の間に位置するものとみなす意識から生まれた名称である。当時の人々は一時のこととはいえ、このとき形式上「鎌倉幕府」が復活したと認識していたのだろう。

鎌倉陥落の報に接した都の尊氏は、即座に弟直義を救援するための出陣を後醍醐に願い出る。しかも、このとき彼は後醍醐に自身を征夷大将軍《せいいたいしょうぐん》と惣追捕使《そうついぶし》*に任じることを求めている。こうした大胆な要求をするあたり、当時すでに武士たちの輿《よ》望《ぼう》を担う立場にあった尊氏が、その自信と自覚を強めはじめていたことをうかがわせる。ただ、その後の経緯をみると、ここでの尊氏の征夷大将軍と惣追捕使への補任要求は、即座に建武政権からの離脱を意味していたわけではなさそうだ。北条時行の新「鎌倉幕府」に対抗するためには、尊氏の側も、それなりの正当性を掲げる必要があった。征夷大将軍と惣追捕使への就任要求は、彼の現在の地位を形式的にも整える必要から出たもので、この時点での尊氏には、まだみずからの立場を政権から切り離すことまでは考えおよばなかったようだ。

しかし、この尊氏の要求のすべては、その危険性を察知した後醍醐によって一《いっ》蹴《しゅう》される。後醍醐は、かわりに鎌倉を捨てて西上している成良親王を征夷大将軍に任じたのである。尊氏は憤然とし、後醍醐の許可を得ぬまま、八月二日、無断で鎌倉救援に出発してしまう。驚いた後醍醐は、この後、慌てて尊氏を征東将軍《せいとうしょうぐん》に任じることで、尊氏の行動を追認し、建前を取り繕うことになる。その後、三河《みかわ》国《のくに》（現在の愛知県東部）*で直義と合流した尊氏は、破竹《はちく》の快進撃を続け、けっきょく、わずかの期間で鎌倉奪還に成功する。北条時行の新「鎌倉幕府」は、たった二十数日間の存在であった。喜んだ後醍醐は、八月末に京都で尊氏に従二位を授けている。ここで尊氏は、北条時行のみならず、後醍醐に対しても勝利したことを実感したこ

＊ **惣追捕使**　平安末期、諸国の治安維持のために朝廷から臨時に任命された役職。

＊ **三河国**　三河は足利氏が守護職をもち、一族の吉良氏が支配していた。また足利一族には細川・仁木・一色・今川など三河を名字の地とする者も多い。そのため尊氏は東海道を往復するさい、しばしば三河に駐留して軍勢を整えている。吉良氏の本拠地は、現在の西尾市西野町にある丸山御所跡および実相寺であったと考えられる。

とだろう。

ただ、気分が高揚すると、つい夕ガが外れてしまうのが、尊氏の困った性分だった。後醍醐の反対を振り切って我を通したわりには、あまりにたやすく鎌倉を回復できたことで、気の緩《ゆる》みも生まれたのだろう。鎌倉奪還後の尊氏は、そのまま鎌倉にとどまり、配下の武士たちや寺社に独自に恩賞を分け与えはじめてしまう。『鎌《かま》倉大日記《くらおおにっき》』によれば、このとき、すでに尊氏は「征夷将軍」と自称していたともいう。同じ頃、鎌倉に参陣して功名をあげた奥州の武士に、尊氏は上機嫌でみずから筆をとり、その母衣《ほろ》*に「河内守」と大書して、所領まで与えた、という話が伝わっている（『余目氏旧記《あまるめしきゅうき》』）。尊氏は、まさに得意の絶頂にあった。

しかし、これを知った後醍醐が、黙っていられるわけがない。中院具光《なかのいんともみつ》を使者に立て、「軍兵の恩賞については、京都で天皇の綸旨によって下し与えることになっている。とにかくおまえは早々に帰洛せよ」と、尊氏に勝手な恩賞給与をやめ即時に帰京するようにと促している。このときは、尊氏も使者に対して殊勝に「急いで参上いたします」と答えている。しかし、けっきょく尊氏は二度と建武政権に復帰することはなかった。

その決断の背景として、最も大きな役割を果たしたのが、弟直義であった。清濁あわせのみ周囲との調和をはかる兄尊氏とは正反対に、潔癖で剛胆な性格の直義は、早々に建武政権に見切りをつけ、足利氏による幕府再興を夢みていたのである。直

＊母衣　軍陣で鎧の背にかける大型の布。自己の存在を誇示する標識ともなった。

義は「いま京都に帰れば、公家や新田らによって命が狙われるのは必定です」と、上洛しようとする尊氏を押しとどめ、その一方で若宮小路《わかみやこうじ》の旧幕府政庁を復活させ、十月にはそこに拠点を移すなど、つぎつぎと幕府再興の既成事実を積み重ねていった。

これに対し尊氏は、わざわざ後醍醐に弓ひいてまで、みずからの新政権を樹立したいとは考えていなかった。しかし、後醍醐の許可を得ないまま、大見えを切って中先代の乱の鎮定に出発してしまった後ろめたさは、彼の腰を重くした。また、直義が、北条時行に追われて鎌倉を捨てるさいに、鎌倉に軟禁中だった護良親王をドサクサに紛れて殺害してしまったという事実も、乱の鎮圧後に彼の耳に入っていた。このことも、より一層、彼を都に帰りにくくさせていたにちがいない。しかも、すでにこのとき、直義の言うとおり、上洛する尊氏を待ち構え、途中の道で討ち取ろうという計画が、新田義貞を中心に進められていた（『保暦間記《ほうりゃくかんき》』）。勇躍出発して、みごと鎌倉の覇者とはなったものの、二度と引き返せない道に踏み込んでしまったことに気づいた彼の心に、影がさしはじめるのは、この頃からだった。

尊氏の決断　新田義貞の陰謀を察知した直義は、十一月二日、自身の名で全国の武士に義貞誅伐の激文を発する。すでに直義のなかでは建武政権との全面対決の意志は固まっていた。しかし、この期におよんで尊氏は、なんと律儀にも京都の後醍醐に宛てて奏状《そうじょう》*をしたため、わざわざ義貞追討の許可を乞うている（『神皇正統記』）。たとえ義貞と戦うことになったとしても、それは決して後醍醐に弓ひくわけ

---

* 奏状　天子に申し上げる文書。

ではないのだ、ということに、尊氏はあくまでこだわろうとした。

しかし、尊氏に上洛する意志がないと見てとった後醍醐は、その奏状が届くよりも早く尊氏との訣別を宣言する。十一月十二日、後醍醐は尊氏に与えた鎮守府将軍の職を剥奪《はくだつ》し、これを北畠顕家《きたばたけあきいえ》に与え、同二十六日には、尊氏・直義兄弟のすべての官位を抹消している。そして同十九日には、ついに尊氏討伐のため新田義貞を鎌倉へ発遣し、あわせて奥州《おうしゅう》の北畠顕家*を南下させることで、西と北からの尊氏挟撃《きょうげき》を厳命する。

この報せは、尊氏をつよく打ちのめした。後醍醐の怒りが決して解けるものではないことに気づいた尊氏は深く絶望し、それきり直義に政務の一切を譲ると宣言し、わずかの近臣のみを連れて鎌倉の浄光明寺《じょうこうみょうじ》に引き籠もってしまったのである（『梅松論』）。『太平記』は、このとき蟄居《ちっきょ》した寺を「建長寺《けんちょうじ》」であるとするが、そこで彼は髪の本結《もとゆい》（髪を束ねる髻《まげ》）を切り、出家しようとまでしたという。憤然として制止を振り切り鎌倉に下った彼の行動からすれば信じられないことだが、このとき尊氏はすべてを捨てて後醍醐に真剣に謝罪しようとしていたのである。

浄光明寺
鎌倉市扇ガ谷。

＊**北畠顕家**　鎌倉末〜南北朝期の公卿・武将（一三一八〜一三八）。親房《ちかふさ》の長男。建武政権下で陸奥守・鎮守府将軍として義良親王を奉じて奥羽に下向した。東上して一度は尊氏を敗走させるが、再度の東上で和泉国石津で戦死する。

そうこうしているうちに、新田軍は確実に鎌倉に迫っていた。十一月二十五日、代々の足利氏の所領である三河国《みかわのくに》（現在の愛知県東部）を死守するべく、足利方からは高師泰《こうのもろやす》*が大将として派遣されるが、大軍のまえに、あえなく矢作川《やはぎがわ》の防衛線を突破される。十二月五日、こんどは直義が駿河国手越河原《てごしがわら》（現在の静岡県静岡市）まで出陣するが、これも敗れ、直義は箱根山《はこねやま》を要害として立て籠もることを余儀なくされる。すでに敗色濃厚となった足利軍のなかからは、新田軍に投降する者まで相次いでいた。

箱根山を突破されれば、もはや鎌倉は落ちたも同然である。すでに出家の意志を固め、道服《どうふく》*までも身にまとっていたという尊氏は、ここにいたって決断する。尊氏は「直義が命を落とすようなことがあれば、わたしひとり生きていても意味がない。ただ、わたしの心のなかには帝の命に叛くつもりは断じてないんだ」と語って浄光明寺を出て、十二月八日、わずか二千余騎を引き連れ、箱根にある直義の救援に向かう。後醍醐に刃向うつもりはないという個人的な感情と、足利家の棟梁として家を守らなければならないという立場の板挟みの末の苦渋の決断だった。尊氏個人の感情と彼の社会的立場との二律背反《ジレンマ》は、彼の生涯を貫く苦悩であったが、悩みぬいた末に彼は必ず自己の感情を犠牲にする結論を選んでいる。ここに人間尊氏の悲劇があった。

とはいえ、ようやく尊氏を迎えた足利軍は、ここで一気に攻勢に打って出る。同

＊高師泰　南北朝期の武将（?～一三五一）。高師直《もろなお》の弟（『高階系図』では師直の兄とされるが、同時代の日記『園太暦』には「舎弟」とされる）。兄師直とともに尊氏配下の武断派として知られるが、その傲慢な振る舞いから次第に直義と対立することになる。

＊道服　袈裟《けさ》のこと。

コラム

尊氏、危機一髪
―叛逆の年に残した文書―

中先代《なかせんだい》の乱を鎮圧した後、鎌倉に居すわった尊氏は、建武二年（一三三五）十一月頃には、建武政権と軍事的な対立関係に陥ることになる。〔図1〕と〔図2〕は、その直後に出された尊氏の文書であるが、ちょっと見て、おかしなところがあることに気づくだろうか？

この文書、本文の文末と日付の部分が、下のほうにゆくに従って、右側に窮屈《きゅうくつ》に寄りはじめるのである。通常、中世の文書は、本文や日付は右筆《ゆうひつ》とよばれる秘書が代筆し、その文書の発給者は最後に花押《かおう》とよばれるサインのみを記すものである。ところが、これらの文書は右筆の書いた部分が、まるで花押をよけるように見苦しく湾曲している。これはいったい何を意味するのだろうか。

　これは私が考えるに、中世文書のセオリーに反して、まず最初に尊氏の花

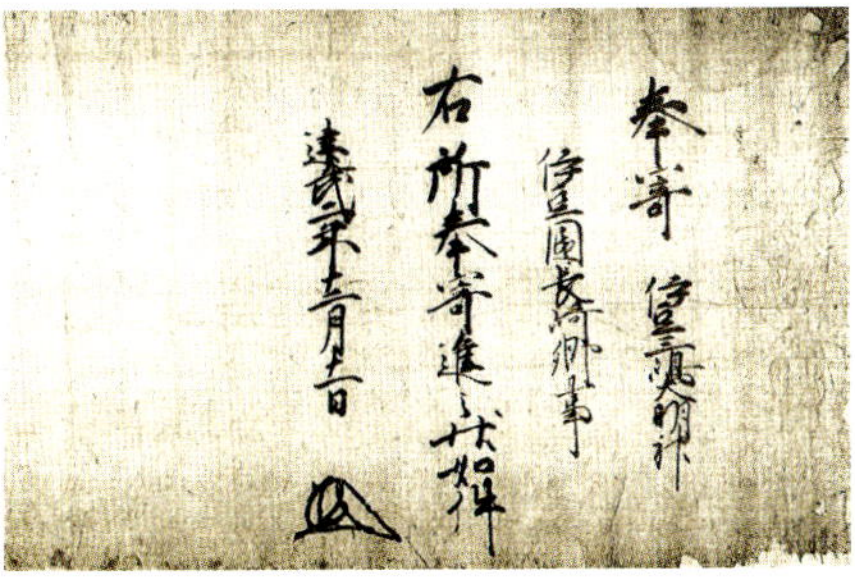

〔図1〕足利尊氏寄進状（建武2年12月11日）
三島市・三島大社所蔵。

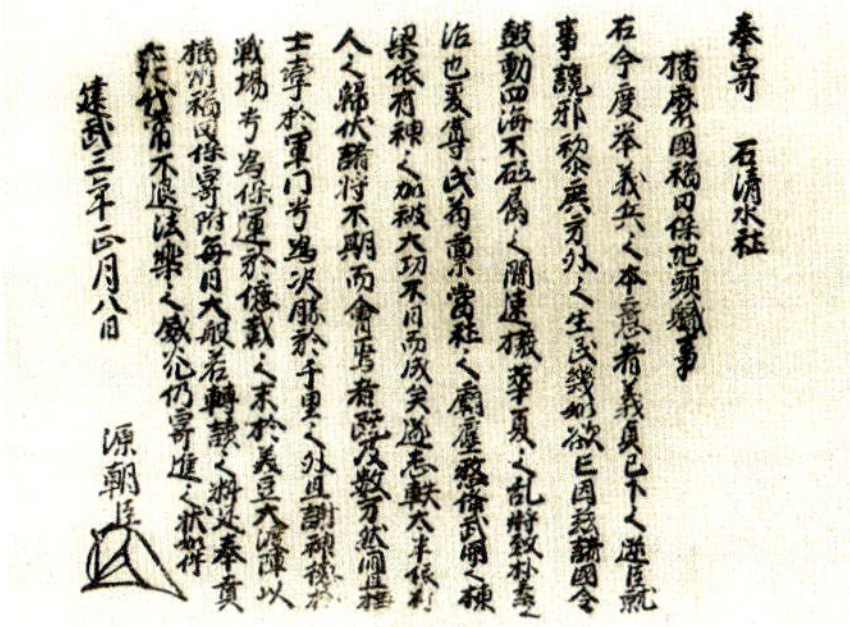

〔図2〕足利尊氏寄進状（建武3年正月8日）
奈良市・大和文華館所蔵。

押が書かれ、その後に右筆によって本文が書かれたために、右筆は花押をよけながら本文を書かねばならず、このような無様なことになってしまったのではないだろうかと思う。通常、花押は、発給者が右筆の本文の内容を確認したうえで書き加えるものである。最初から発給者が花押を書いてしまうと、極端な場合、右筆が勝手に本文を捏造《ねつぞう》することもできてしまうので、きわめて危険である。ところが、発給者が諸般の事情で迅速な対応ができない場合、それを回避するために、まれに「判紙《はんし》」とよばれる花押だけを記した白紙を用意しておき、必要に応じて周辺の人物が本文を整えるということが行われていた。この尊氏文書も判紙なのではないかと、私は考える。

同じような不自然な尊氏文書は、鎌倉を占拠した建武二年八月から、後醍醐を京都から追い出した翌年正月までに集中的に確認することができる（関与している右筆は特定の人物ではないようである）。実際、建武三年二月、尊氏は播磨国室津《はりまのくにむろのつ》（現在の兵庫県たつの市）で細川和氏らに「御判幣（判紙）数百枚」を渡し、「勲功の軽重によって宛行《あておこな》わるべき御下文のため」に使うようにという指示を出していることが確認できる（寛正本『梅松論』）。

この時期、尊氏の精神状態がきわめて不安定な状態にあり、かわりに直義が足利軍を主導していたことは、さまざまな史料からもうかがえる。あるいは、尊氏文書とされるこれらの文書も、尊氏は人事不省の状態にあり、内容にまでは関知しておらず、直義ら周囲の者たちによって設《しつら》えられていたのかもしれない。ただ、そうした文書はこの時期の寺社に宛てられた寄進状に多く見出され、武士に宛てた文書には、その形跡はうかがえない。案外、人生を賭けた大博奕《ばくち》に打って出た尊氏は、きわめてアグレッシブな姿勢で文書発給に臨み、寄進状などについては煩瑣《はんさ》な手続きを合理化するため、一時的にこうした新機軸を編み出したのかもしれない。いずれにしても、足利尊氏という人物は、その人物像だけではなく、発給文書の面でも、なかなか一筋縄ではいかない複雑性をもっているようだ。

十日の箱根竹ノ下《たけのした》での合戦での勝利を皮切りに、両者の勝敗はところを変えた。尊氏の絶大なカリスマ性に率いられた足利軍は、壊滅寸前の状態から、わずか数日間で持ち直し、新田軍を西国まで追い落としたのである。尊氏兄弟は、そのまま軍を休めることなく新田軍を追撃し、ついに建武三年（一三三六）正月十一日、後醍醐を比叡山《ひえいざん》に逐《お》い、京都を手中におさめた。時に、尊氏三十一歳。

この世は夢のごとく

建武政権に叛逆してからの尊氏の一年は、転変に満ちている。京都を制圧したのも束の間、建武政権の最強軍団である北畠顕家《きたばたけあきいえ》軍が遠く奥州から西上し、正月二十七日、尊氏はたちまち京都を逐《お》われることになる。足利軍は九州をめざし落ちのびてゆくが、この途上、いくつかの重要な施策を怠らなかった。

まず、いわゆる元弘《げんこう》以来《いらい》没収《ぼっしゅう》地《ち》返付《へんぷ》令《れい》を発令し、味方についた者に建武政権により没収された所領を返却することを約束している。かねて建武政権に不満のあった武士たちは、この施策に飛びつき、尊氏のもとに続々と馳せ参じることになる。後に北畠親房《ちかふさ》が「朝敵を追討する合戦のはずなのに、みなの士気が上がらないのは、どうも変だ」（結城家文書）と首をかしげ、楠木正成《くすのきまさしげ》が「負けたはずの尊氏側に在京している武士たちがついていってしまい、勝っているはずの帝の側が勢いを失っている」（『梅松論』）と慨歎《がいたん》したのには、こうした事情が背景にあった。

ついで二月十三日、播磨国の室津（現在の兵庫県たつの市）の軍議において、軍事指揮官として「国大将《くにだいしょう》」*を中国・四国地方に定める。これにより西国の武士たちが足利方として組織化された。また、この軍議の席で、謀臣、赤松円心《あかまつえんしん》は「すべて合戦には旗印というものが大事です。相手側は錦《にしき》の御旗《みはた》を先頭に掲げているのに対し、われわれはどこにもこれに対抗する旗印をもたないので、これでは朝敵も同然です」と発言し、大覚寺統《だいかくじとう》の後醍醐に対抗するために、大胆にも持明院統《じみょういんとう》*の天皇を擁立すべきだと建言した。尊氏は、これを容《い》れて、かつて鎌倉幕府に擁立された持明院統の光厳上皇《こうごんじょうこう》に使者を送り、その院宣《いんぜん》*を獲得する。両統のうちどちらでも構わないから自分に都合のいい天皇を擁立してしまおうという、このときの尊氏の打算的な対応は、その後の南北朝～室町時代の政治に混迷をもたらす〝パンドラの箱〟を開けるに等しい行為であったが、当座においては尊氏軍に正当性を付与することにつながった。

九州に上陸した尊氏は、三月二日、筑前国多々良浜《ちくぜんのくにたたらはま》（現在の福岡県福岡市）の戦いで菊池武敏《たけとし》を破り、一カ月の間に九州の武士たちを手なずけることに成功する。四月二日には、早くも博多より都をめざして東上を開始。五月二十五日、摂津国《せっつのくに》湊《みなと》

---

* 国大将　尊氏が九州敗走前後に中国・四国・九州地方の国ごとに守護とは別に任命した軍事指揮官。主に足利一門から任命され、対南朝戦略を担った。

* 大覚寺統と持明院統　鎌倉後期から皇位継承と所領相続をめぐって争った二つの皇統。亀山天皇の系統と後深草天皇の系統をさすが、それぞれが南北朝期の南朝と北朝につながる。

* 院宣　院司が上皇や法皇の命令をうけて出す文書。

川《がわ》（現在の兵庫県神戸市）において楠木正成を撃滅し、これを戦死させる。そして、六月十四日、尊氏は光厳上皇を奉じて入京、ついに再度の京都制圧を果たした。

八月十五日、光厳上皇が院政を行うことが決定し、同時に新たな天皇として光《こう》明《みょう》天皇が践祚《せんそ》*した。比叡山に立て籠もり抵抗を続けていた後醍醐も、十月、名和《なわ》長年《ながとし》が戦死するなど敗色が明らかになったことをうけて、尊氏側に下った。十一月二日には後醍醐から光明に、天皇家のレガリアである三種《さんしゅ》の神器《じんぎ》*が円満に譲渡され、足利軍の正統性は盤石のものとなった。

ただし、尊氏にとっては、この間一年の後醍醐との闘争は不本意なものであり、彼はつねに心中で良心の呵責《かしゃく》と戦っていたらしい。その証拠に、後醍醐が光明に神器を譲渡すると、律儀にも、かわりに後醍醐の皇子成良《なりよし》親王を光明天皇の皇太子にすえる手続きをとっている。また、この年の暮れ、尊氏に屈するのを不服とした後醍醐がひそかに京を脱したのを知ったときも、尊氏は悠然としてこう言ったという。「わざわざ警固をつけるのもキリがないことなので、わたしはかねて面倒に思っていたんだ。鎌倉幕府のように流罪にするというわけにもいかないから、勝手に出ていってくれたのは、かえってありがたい。あとはなるようになるだろうさ」。その後の言動をみても、尊氏は終生、後醍醐に寛容であり、心中に深く後醍醐に対して罪悪感をもちつづけていたようだ。

光明天皇の践祚を見届けた二日後の八月十七日、尊氏は京都の清水寺《きよみずでら》に一通の自

---

* **践祚**　天皇の位につくこと。その後、これを内外に明らかにすることを「即位」という。

* **三種の神器**　皇位の象徴として、歴代天皇が受け継いだとされる三つの宝物。八咫《やた》の鏡、八尺瓊《やさかに》の曲玉《まがたま》、天《あめ》の叢雲《むらくも》の剣。

筆の願文《がんもん》を奉納している。「この世は夢のごとくに候」の書き出しではじまる、その有名な願文は次のような内容であった。その全文を現代語訳して紹介しよう。

この世は夢のようなものです。尊氏に悟りを求める心をお与えくださり、来世をお助けなさってください。どうしても早く遁世《とんせい》*がしたいのです。悟りを求める心をお与えになってください。現世での幸せのかわりに来世をお助けなさってください。現世での幸せは直義《ただよし》にお与えいただき、直義を無事にお守りなさってください。

いまや京都を支配下におき、天皇の位すらも思いのままにし、政治家としては絶頂をきわめたはずの彼であったが、その内心は後醍醐の派遣する討伐軍に恐懼《きょうく》し、直義に政務を譲って浄光明寺に蟄居したときと何ら変わりはなかった。すでに彼に政治に関する興味はなく、現世の瑣事《さじ》は直義に託し、自身は来世と仏道のみに心を寄せる存在となっていた。

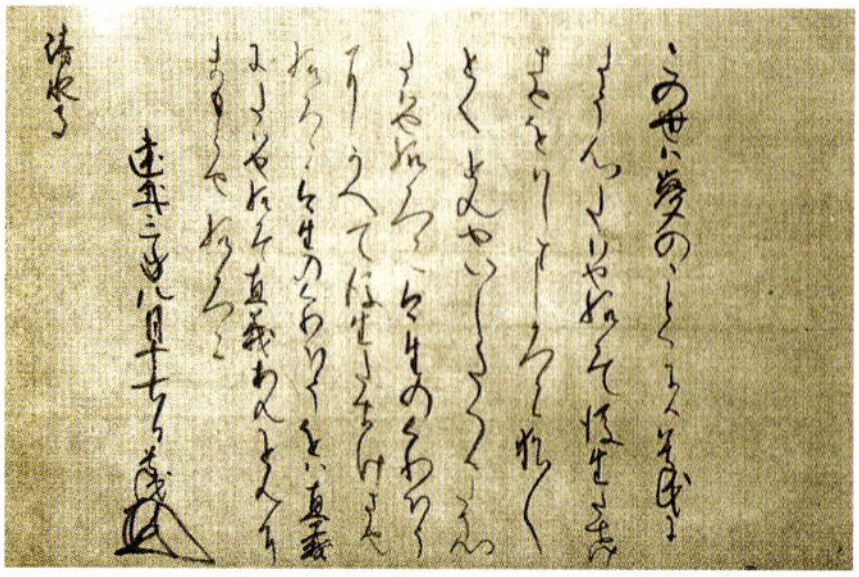

足利尊氏自筆願文（建武3年8月17日）
鎌倉市・常盤山文庫所蔵。

＊ 遁世　世を捨てて隠居すること。

三　室町幕府の成立

建武式目の制定

三種の神器が光明《こうみょう》天皇に譲渡された五日後の建武三年（一三三六）十一月七日、足利尊氏は二項十七ヶ条からなる法典「建武式目《けんむしきもく》」*を制定する。一般的には、この「建武式目」の制定をもって、室町幕府は成立したと考えられている。もちろん尊氏が光明天皇から征夷大将軍《せいいたいしょうぐん》に任じられるのは、これより二年後の暦応《りゃくおう》元年（一三三八）八月のことであるから、「将軍就任＝幕府草創」という建前からすれば、室町幕府の成立は暦応元年ということになる。しかし、すでに尊氏は中先代の乱を平定した時点で「征夷将軍」を自称していたし、後醍醐と戦う過程でも彼は室津《むろのつ》軍議の直後から「将軍家」を自称した文書を多数発給している（鎮守府将軍職は後醍醐によって解任されているので、ここでの「将軍」号は「鎮守府将軍」の意ではない）。つまり、すでにこの時期「将軍」という呼称は、必ずしも朝廷の認可を必要とするものではなくなっており、また朝廷の認可が幕府を開く必要条件とも考えられていなかったのである。それを踏まえれば、「将軍」呼称の成立に加えて、「建武式目」のなかでは幕府を意味する「柳営《りゅうえい》」という語が初めて使われており、また政権の基本政策がひろく天下に公示されたという点でも、やはりこの法典の成立

* 建武　ふつう後醍醐政権を建武政権とよぶが、同時代人は建武政権成立を「元弘一統」とよび、その施策を「元弘」の年号で象徴させている。しかも、この頃南朝は「建武」にかわり「延文」の年号を採用しており、その後「建武」は名実ともに尊氏政権を象徴する年号と認識されるようになる。

をもって室町幕府の実質的成立と考えるのが、最も妥当な評価といえるだろう。*

ところが、この幕府草創の〝記念碑〟ともいうべき「建武式目」の編集には、尊氏はほとんど関与しておらず、事実上、「建武式目」は直義とそのブレーンによって起草されたものであることが、現在、通説となっている。そこには、本来ならば幕府は鎌倉におくべきであるが暫時《ざんじ》、京都に拠点を定めること（第一項）や、質素倹約の実践（第二項一条）、守護職は利権対象ではなく行政官であるべきこと（同七条）や、百文といえどもワイロを受け取ったものは公職からはずし、多額の場合は死刑とすること（同十条）などの厳格な規定がみられる。これらの条文には、北条義時《よしとき》・泰時《やすとき》時代の鎌倉幕府を理想とする、謹厳実直な直義の政治思想が如実に反映されている。

ただ、このうち「本来ならば幕府は鎌倉におくべきである」という認識については、直義に限らず、当時、多くの人々に共有されている認識だったようだ。実際、公家の人々は、この後、尊氏のことを京都に住んでいるにもかかわらず、長く「鎌《かま》倉大納言《くらだいなごん》」とよんでいる。おそらく尊氏自身も、政権の根拠地は、彼や彼の父祖が生まれ育った関東こそがふさわしいと考えており、いつの日か鎌倉に帰還することを考えていたにちがいない。しかし、吉野の南朝の動向を無視できない現状で、京都から兵をひくことなど依然できようもなかった。

そうした事情もあってか、肝心の尊氏は、この時期、弟に「建武式目」の編集を

＊ **尊氏将軍就任**　それでも尊氏が暦応元年まで征夷大将軍就任を待ったのには、後醍醐との和議の際に問題となった①大覚寺統からの立太子、②幕府再興の承認が、引き続き両朝の間で懸案事項になっていたという事情があったらしい。この和議交渉は暦応元年に完全に決裂するが、尊氏はそれまでは律儀に後醍醐との関係修復を模索していたのである。

丸投げし、なお当人は清水寺の願文にみられたような厭世《えんせい》的な心理状態にあったようだ。人望はあるが無定見で、ナイーブで、決して政治家向きではない兄尊氏と、高い理想をもち真面目一辺倒な弟直義――。ふたりのうちどちらが欠けても、室町幕府の創業は難しかっただろう。この後、初期の室町幕府は、このふたりの対照的なキャラクターを軸にして推移してゆくことになる。

直義の政務

発足したばかりの室町幕府のなかでの尊氏・直義兄弟の権限分担は、『難太平記』には「大御所《おおごしょ》(尊氏)は弓矢の将軍、大休寺殿《だいきゅうじどの》(直義)は政道」と書かれている。実際、それを裏づけるかのように、両者の発給文書を分析した戦後の佐藤進一の研究では、尊氏が恩賞給付などの主従制や軍事に関わる支配権を行使し、直義が所領の法的確認や統治や裁判に関わる支配権を行使していたことが明らかにされている。これを、よく初期室町幕府の「二頭政治」などとよぶ。

ただ、現実にはふたりの権限分掌は「軍事」と「統治」にきれいに二分できるものではなかった。とくに、建武四年以降、軍勢催促状や感状*は尊氏にかわって直義が発給するようになっており、軍勢の総指揮権も、おおむね直義に移管されてしまっていることが確認できる。この時期、尊氏は政務・軍事のほぼ全般を直義に移譲してしまっており、彼固有の権限は、新恩給付の下文《くだしぶみ》に袖判《そではん》*を加えることと、軍《ぐん》忠《ちゅう》にもとづく譲与安堵《じょうよあんど》(取得した所領・所職《しょしき》の保証)を行うことぐらいになっていたのである。この時期の室町幕府は、とても尊氏と直義の「二頭政治」といえるよう

＊ **感状**　戦功のあった者に対してあたえられる賞状。後日、恩賞が給付されるさいに、重要な証拠となり、また家門の栄誉を誇示する材料ともなった。

＊ **袖判**　文書の内容を承認した証しとして、文書の袖(右端の余白部分)に書かれた花押。

な状況ではなく、現実には尊氏は幕府のシンボルとして君臨しつつも、直義が実質上、政務・軍事全般を代行しているというような状況にあったようだ。

それでも、尊氏から「御政道の事」を譲ることを申し入れられた直義は、当初、これを堅く辞退し、再三にわたり固辞したものの、尊氏の強い懇望により、ついにそれを受け入れたという。それをうけて、尊氏も直義の「政務の事」に関しては、その後は一切、口をさし挟まなかったと、『梅松論』は伝えている。また、あるとき、尊氏は直義に向かって「わたしは教養もないし将軍という器ではないから、これからは軽々しく振る舞って、武士たちの人気をえて、朝廷を守ってゆこうと思う」「おまえは重々しく振る舞って、一時でも遊覧にかまけることなく、無駄なことに時間を使わないでいてくれ」と言い置いたともいう。とかく権力の継承や分掌には大小のトラブルがつきものだが、お互いをよく知る兄弟ゆえの阿吽《あうん》の呼吸がふたりの間には共有されていたのだろう。

荘園と半済

こうして幕府のほぼ全権限を委ねられた直義は、これより十年あまり、持ち前の地味で几帳面な性格で、室町幕府の基礎固めに邁進《まいしん》してゆく。尊氏との阿吽の申し合わせに忠実に、彼は政務の妨げになるからと、当時流行していた田楽《でんがく》*を見物することもなく、また尊氏が好んだ八朔《はっさく》の贈答も禁止し、もちろんみずからそれを受け取ることもなかったという。現在残されている直義による裁判の判決文である裁許状《さいきょじょう》を分析してみると、そこでは成りあがりの新興勢力の実績より

* 田楽　民間の農耕芸能から発生して、平安から室町時代に流行した芸能。田楽法師が笛・鼓・ささらなどで舞い踊り、軽業《かるわざ》なども演じられた。

も、鎌倉幕府以来の「相伝《そうでん》」の由緒《ゆいしょ》が尊重され、武士よりも寺社や朝廷など本所《ほんじょ》（荘園領主）の権益が擁護される傾向が見てとれる。そこには伝統的秩序を重んじる彼の思想が明瞭にうかがえる。

この時期、とくに在地《ざいち》社会を揺るがしていたのが、戦乱にともなう武士たちによる掠奪《りゃくだつ》であった。彼らは「兵粮料《ひょうろうりょう》」という名目で、荘園の年貢を野放図《のほうず》に奪取していたのである。もちろんそうした行動は戦時とはいえ許されるものではなかったが、室町幕府としては、対南朝戦を有利に進めてゆくためにも、諸国の武士たちを少しでも多く味方につける必要があった。そのため、建武三年（一三三六）の夏頃には、尊氏も京都周辺の土豪たちを味方につけるために、荘園領主に断りなく、荘園の土地の半分を「地頭職《じとうしき》」という名目で、勝手に彼らに与えてしまっている。やがて、こうした行為は恒常化してゆき、荘園年貢の半分を守護が独自の判断で配下の武士たちに分け与える「半済《はんぜい》」という方式として定着してゆくことになる。

しかし、伝統的秩序を重んじる直義からすれば、こうした事態は決して黙過できないものだった。この時期、直義は、ほとんど毎年のように寺社本所領保護の法令を発している。ときには、兄尊氏が大盤振る舞いをして認めてしまった半済を否定するため、当事者に与える代替地の用意に奔走させられることすらあった（山城国上久世荘の例）。

尊氏のように、政権の支持基盤である武士たちの欲望を解放してやるか。それと

尊氏と直義　「太平記絵巻」第7巻「光厳院殿重祚御事」。埼玉県立歴史と民俗の博物館所蔵

も、直義のしたように、それに歯止めをかけて寺社や公家の経済基盤を守ることで、荘園制を擁護する側にまわるか。これは容易に答えの出せる問題ではなく、その後も二百年近く室町幕府が抱えるジレンマとなった。尊氏にも、直義にも、それなりに幕府の行く末を考えての行動だったのである。ちなみに、尊氏の子孫たちは基本的には後者、つまり荘園制の最後の擁護者《ようごしゃ》としての道を選択することになり、その後、彼らは良くも悪くも荘園制と運命をともにしてゆくことになる。

尊氏と直義　しかし、他ならぬ室町幕府自体が成りあがりの新興勢力や武士たちの支持を取り付けることによって生みだされたものである以上、直義*の路線はみずからその支持基盤を掘り崩す危険な道であることはまちがいなかった。そのため、彼の妥協を許さない厳格な行動が次第に幕府内に敵をつくりだし、みずからを追いつめることになっていった。しかも不幸なことに、軽佻浮薄《けいちょうふはく》な世相を憎み、公正な政治を実現しようとする直義にとって、彼と正反対の性格である兄尊氏の存在も、少しずつ重荷になりはじめていた。

たとえば、この頃、武士たちの譲与安堵については、それが軍忠に関わるものである限りは、尊氏が依然として安堵を行なっていたことが明らかにされている。ただ、直義が行う譲与安堵は、武士たちからその申請がなされると、まず安堵方《あんどがた》とよばれる部署を通じて現地の守護などに調査命令が出され、実際にその所領や所職が申請者のものであるかどうかが現地でしっかり確認されたうえで、初めて文書が発

＊ 足利直義像　直義の容貌を伝える肖像画は一点も現存していないが、近年、有名な神護寺所蔵「伝源頼朝像」が頼朝ではなく、直義ではないかとの新説が出されている。

給されるという厳格なものだった。これに対し尊氏には、同じ譲与安堵を行うにしても、現地調査の指示を出している形跡がうかがえない。どうも彼は安堵の申請があると、書面での審査のみで認可してしまっていたようだ。現地での支配関係よりも、尊氏のなかでは申請者の軍事的な功績の審査のほうが重視されていたのだろう。もちろん軍事的な緊張に対処しなければならないという切迫した事情があったとはいえ、いかにも尊氏らしい無頓着な対応といえる。しかし、こうした現地の状況を無視した安堵が乱発されれば、後日、当然に大きな禍根《かこん》が生じることになる。

その極めつけが、尊氏が好んで使用した「軍陣の下文」である。尊氏は戦場で功績のある人物を見ると、即座に自筆で所領や所職の知行を認める文書を書き与えてしまうのを常としていた。その文書の実例を現代語訳して掲げよう（白川文書）。

この間のおまえの忠節には感動した。ただ、軍陣なのですぐに裁定することができないから、とりあえず恩賞の約束だけはしておく。陸奥国信夫郡《しのぶぐん》の余目《あまるめ》駿河入道の跡地については心配するな。ついでに、現在の所領の安堵などについても問題ない。このことは、よく心得ておくように。

三月二日　　御判《ごはん》（尊氏のサイン）

白川弾正少弼《しらかわだんじょうしょうひつ》殿

戦場では、もちろん個々の武士の主張する権利内容の真偽を検討することなどできるはずもない。とはいえ軍功のあった人物には、それをすぐに賞してやらなければ、このあとの働きに張り合いが生まれない。そこで尊氏はとりあえず相手の要求に全面的に沿った右のような略式の賞状を書き与え、後日に正式の恩賞を与えることを約束するのである。こうした軍陣の下文を、尊氏は建武二年（一三三五）十二月の箱根竹ノ下の戦いあたりから考案していたらしいが、これを見聞きした将兵たちは「命を忘れて死を争いて、勇み戦わん事を思わぬ者ぞなかりける」と言われるほど奮起して戦ったという（『梅松論』）。いかにも尊氏らしい人心掌握術である。

しかし、こうして大した調査もしていない仮約束の権利文書がむやみに乱発されることになれば、やはり当然、その後の社会に大きな混乱を生むことになる。事実、この後の史料のなかには、尊氏がよく確認しないまま与えてしまった下文が百年後まで紛争の種になって、彼の子孫たちを悩ましている例すら見ることができる（『御前落居記録』第一八項）。このほか、尊氏が白紙にサインだけを記した「判紙」を積極的に活用していたことは、コラム（五十七頁）でも指摘したとおりである。一方で律儀な統治を行なっていた直義は、自身の努力を無にするような尊氏の奔放な行動を横目で見て、きっと苛立ちをつのらせていったにちがいない。

また、後世の記録（『続本《ぞくほん》朝《ちょう》通《つ》鑑《がん》』）に書かれたエピソードには、こんなものもある。あるとき、直義が政務の打ち合わせに尊氏を訪ねることがあったが、尊氏は田楽見物に夢中でいつも遊びに出て、留守にしていたという。そのたびに直義は用を果たせず、むなしく帰っていたのだが、あまりにそれが続くので、ついに耐えかねて尊氏に意見した。「兄上！　将軍が政務を放り出して遊芸にうつつをぬかすようでは、北条高時《たかとき》の二の舞になりますぞ。少しはお慎みください」。すると尊氏はこう言う。「もうわたしは天下のことはおまえに任せたんだから、すべては高師直《こうのもろなお》とおまえで相談して決めてくれ。なんでわたしを煩わせるんだ」。これを聞いた直義は、呆れながら「では、細かなことはすべてわたしが片付けますから、兄上は田楽の合間に、ときどきでいいですから重要な案件については、わたしの話を聞いてください」と懇願した。すると尊氏はうなずいて「そこまでおまえが言うなら、わたしも田楽見物は月に三日だけにしよう」と答えたという。

コラム

足利直義と夢窓疎石

―『夢中問答集』を読む―

尊氏と直義は、どちらも禅僧の夢窓疎石《むそうそせき》に帰依したが、どちらかというと尊氏の禅宗信仰はミーハー的で、とくに教義についての深い理解があったというわけではなく、彼の新しもの好きな性格から発したもののようだ。それに対し、直義の禅宗信仰はきわめて真摯《しんし》なもので、彼の政務に向かう態度と同様、妥協を許さない徹底したものだった。

『夢中問答集《むちゅうもんどうしゅう》』は、そんな直義が夢窓疎石に対して発した問いかけとそれに対する夢窓の回答を書きしるした書物であり、Q&A方式という分かりやすい構成もあって、臨済禅《りんざいぜん》の入門書としても知られている（講談社学術文庫に現代語訳がある）。ふつう、宗教学者や僧侶が書く『夢中問答集』の解説本では、夢窓の回答部分が大きくとりあげられ称揚《しょうよう》されているが、私には、直義の質問内容もなかなかに鋭く人間社会や宗教の本質を突いているように思われる。以下、直義の問いかけのいくつかを現代語に訳して紹介してみよう（数字は、原本の節番号）。

Q1．人々の苦しみを除いて裕福にさせるということは、仏の大慈悲のはずです。なのに、仏教のなかでは人が裕福になろうとするのを禁じているのはなぜですか？

Q6．仏菩薩はすべての生き物の願いを満たしていただけると聞きました。たとえ人々の側から祈り求めなくても、苦しみのある者は、これを除いて楽しみを与えるそうです。しかし、現在のような末世の状況をみると、心を尽くして祈っても願いがかなうことがまれなのは何ででしょうか？

Q12．もし自分が迷いの境地を脱しなければ、他人を救うことなどできないでしょう。しかし、自分を差し置いて、まず人々のために善行を積むことは、はたして正当なことなのでしょうか？

Q14．人生の苦しみのなかにある人々に目を向けるからこそ、彼らを憐れむ慈悲の心がおこるでしょうに、そうしたことを情や知識にとらわれた間違った慈悲の心であるとして否定するのは、なぜでしょうか？　もしすべての生き物がみな幻であると考える人に、どうして慈悲の心が生まれましょうか？

Q65．人間の身体は貴賤《きせん》あるとしても、同様に生まれ老いて病んで死ぬ。じつに幻のような存在です。この心に色や形がないのなら、心は永遠に不滅なはずです。しかし、身も心もともに幻であるというのは、なぜなのですか？　経典のなかにも「心は幻のごとし」と説く文章もあり、「心は永遠不滅」

と説く言葉もあります。どちらの理解が正しいのでしょうか？

一読してみて、これらの問いが決して単なる興味本位の質問ではなく、この問いを発する人物がいかに真面目に宗教や救済というものを考えていた人物かがわかるだろう。しかも、ひとつひとつの問いかけには、現代人からみても不自然さのない、きわめて論理的な思考が透徹している。とくにQ6などは、ドストエフスキーの文学にまで通底する宗教の本質を抉《えぐ》る問いかけといえる。またQ14は、徹底的に個人の自己内の省察を根本的な問題にすえ、どちらかといえば社会関心や社会奉仕という問題については後まわしにしてしまう禅宗教義の本質的な問題点を鋭く突いた問いかけともいえるだろう。

これらの真剣な直義の問いかけに対して、残念ながら夢窓の回答のいくつかは直義の問いとは噛み合っておらず、私たちからみても納得いくようなものになってはいない。誠実であろうとすればするほど周囲に敵をつくり出し、ついには兄からも切り捨てられてしまう直義にとって、宗教すらも、ついに心の救いとはならなかったのだろうか。

四　果てしなき戦い

勝者の混迷

直義の主導のもと室町幕府が着実に基盤を固めてゆく一方で、吉野に籠もった後醍醐《ごだいご》の率いる南朝は、次第にその力を減じていった。楠木正成《くすのきまさしげ》亡き後、南朝が頼りにできるのは奥州の北畠顕家《きたばたけあきいえ》と北陸の新田義貞《にったよしさだ》であったが、このうち最強軍団を率いる顕家はふたたび長駆《ちょうく》して都に攻めのぼるものの、暦応《りゃくおう》元年（一三三八）五月、和泉国石津《いずみのくにいしづ》（現在の大阪府堺市）で高師直に敗れ、あえなく戦死。義貞も同年閏《うるう》七月、越前国藤島《えちぜんのくにふじしま》（現在の福井県福井市）で進軍中に奇襲をうけあっけなく討ち死にしてしまう。

それでも起死回生をはかる後醍醐は、同年九月、義良《のりよし》親王と北畠親房らを伊勢大《いせおお》湊《みなと》（現在の三重県伊勢市）から船に乗せ、奥州へ派遣することで、東国の覇権回復を目論む。しかし、ひとたび運から見放されると、どこまでもついていないもので、船は暴風で座礁《ざしょう》し、義良親王はそのまま伊勢へ帰還し、親房は常陸《ひたち》（現在の茨城県）に漂着してしまう。そして失意のなか、翌年八月、後醍醐も病に倒れる。『太平記』によれば、後醍醐の最期は、左手に法華経《ほっけきょう》をもち、右手に剣をにぎり、「たとえわたしの遺骨は吉野の苔《こけ》に埋まろうとも、魂はつねに京都の空を望むぞ」と遺言した、という壮絶なものであった。南朝の皇位は、わずか十二歳の義良親王に譲られ、後《ご》村上《むらかみ》天皇として践祚《せんそ》することになる。

後醍醐死去の報に接した尊氏の動揺は、大きかった。元来、後醍醐と敵対している北朝では、謀叛のすえ配所で没した崇徳《すとく》＊天皇の例にならい、後醍醐の死を徹底的に無視しようとした。しかし、傷心の尊氏は幕府内に七日間の政務停止を命じたこ

＊ **崇徳天皇**　平安末期の天皇（一一一九～六四）。保元の乱で後白河天皇と争い、敗れて讃岐（香川県）に流された。無念のうちに配所で没したため、怨霊になったと世人に噂された。

とから、北朝もこれに引きずられるかたちで慌てて七日間の政務停止を行なっている（『中院一品記《なかのいんいっぽんき》』）。このほか、尊氏は後醍醐のために七七日（四十九日）の仏事のほか、百箇日には等持院《とうじいん》＊において大規模な法要も実施している。このとき尊氏は願文に「わたしが世にでることができたのも、すべて先皇（後醍醐）のおかげによるものです」とまで書き、後醍醐を追慕している。心ならずも後醍醐に叛逆し、後醍醐を非業の死へと追いつめた事実は、この後も尊氏終生の心の傷となる。この尊氏の後醍醐によせる追慕と悔悟の念は、やがて夢窓疎石のすすめもあって、後醍醐の冥福《めいふく》を祈る天龍寺《てんりゅうじ》＊の造営へと向けられることになる。

天龍寺
京都市左京区。

一方、失意に落ち込む尊氏の気持ちとは別に、南朝の脅威が減退していったことで、それまで表面化することのなかった室町幕府内部の対立関係が顕在化してゆくことになる。直義と、尊氏の執事高師直の対立である。朝廷の権威すらも一顧だにせず、「天皇がいなくて困るのならば、木か金でこしらえて、生きた天皇や上皇はどこかに流してしまえばいい」とまでうそぶいたと伝えられる師直は、徹底した実力主義者で、そもそも直義とは相容れぬ性格の人物だった。

＊ **等持院**　臨済宗天龍寺派。万年山。京都市北区等持院北町六三。等持院駅より徒歩十分。開基は尊氏、開山は夢窓疎石。尊氏の墓所となり、その後も足利家代々の廟所となり、現在も歴代将軍の位牌と木像が伝わる。

＊ **天龍寺**　臨済宗天龍寺派。霊亀山。京都市左京区嵯峨天龍寺芒ノ馬場町。京福電鉄嵐山駅下車すぐ。尊氏・直義兄弟が後醍醐の冥福を祈るため建立。造営費の捻出のために元朝に天龍寺船が派遣された。京都五山の第一位。夢窓疎石作の庭園が残る。

それが、これまでの対南朝戦の活躍で幕府内で発言力を増し、ついには直義と拮抗するまでの政治勢力になっていたのである。

実際、この頃あたりから、師直一派の粗暴な言動が、都のなかでさまざまなトラブルを引き起こしている。暦応三年（一三四〇）十月には、師直派の佐々木導誉《ささきどうよ》*が、鷹狩《たかがり》の帰路、ささいな理由で妙法院門跡《みょうほういんもんぜき》に焼き打ちをかけており、導誉はその罪を問われ、流罪に処せられている。また康永《こうえい》元年（一三四二）九月には、同じく師直派の土岐頼遠《ときよりとお》*が、光厳《こうごん》上皇の行列に向かって暴言を吐き、矢を射かけるという、これまた暴挙におよんでいる。このとき直義はこれを重大視し、すぐさま頼遠を召喚し、命乞いも聞かず、冷徹に斬首に処している。

そのため、すでに康永二年の段階で、両者のあいだの溝は修復不可能なものにまでなっていたようだ。常陸から京都の様子を虎視眈々《こしたんたん》と観察していた南朝随一の策謀家、北畠親房《ちかふさ》は、書簡のなかで「都の凶徒たちの様子は、とんでもないことになっているというウワサだ。直義と師直の不和は、すでに深刻な対立にまで発展しているらしい。ヤツらが自滅するのも時間の問題だろう」と述べている（相楽結城文書）。

やがて、多くの武士たちは、伝統を重視する直義よりも実力主義の師直の側に次第に靡《なび》いていった。貞和《じょうわ》三年（一三四七）、楠木正成の遺児正行《まさつら》を中心に力を盛り返してきた南朝の猛攻に、直義派の細川顕氏《あきうじ》*や山名時氏《やまなときうじ》は撃退されてしまう。しかし、翌年正月、高師直・師泰《もろやす》兄弟は武闘派の本領を発揮し、この楠木軍を四条畷《しじょうなわて》（現在

---

* **佐々木導誉**　南北朝期の近江（滋賀県）の武将（一二九六〜一三七三）。名は高氏。尊氏に従い、室町幕府の創建に寄与する。自由奔放な振る舞いの一方、和歌や立花・茶・猿楽などにも精通する一流文化人でもあった。

* **土岐頼遠**　南北朝期の美濃（岐阜県）の武将（?〜一三四二）。尊氏に従い、美濃青野原などで戦功をあげる。和歌に優れる一面もあったが、粗暴な性格で、光厳上皇に不敬を働き、斬首される。

* **細川顕氏**　南北朝期の足利方の武将（?〜一三五二）。尊氏に従い畿内方面を転戦するが、あまり大きな戦功はあげていない。観応の擾乱では直義方につくも、最後は尊氏に帰順する。

の大阪府四條畷市）で撃破し、正行を戦死させたのみならず、そのまま攻めくだり、河内《かわち》の聖徳太子廟や吉野の行宮《あんぐう》（仮の皇居）をこともなげに焼き払い、大々的な戦果を収める。この大勝利は、人々に師直の存在感を強くアピールすることになり、かわって直義は徐々に追いつめられてゆくことになる。

すでに康永元年（一三四二）十二月には、尊氏・直義兄弟の母清子が七十三歳で大往生を迎えており、ここでふたりのあいだをつなぎとめる最大の存在が欠けてしまったのも、その後の展開を考えると、直義にとっては非運であった。やがて事態は「観応《かんのう》の擾乱《じょうらん》」とよばれる室町幕府の内訌《ないこう》へと発展してゆく。

御所巻
御所を囲む兵士。「太平記絵巻」第８巻「御所囲事」。ニューヨーク・パブリックライブラリー所蔵。

観応の擾乱

貞和五年（一三四九）閏六月、ついに直義は機先を制し、尊氏に師直の執事罷免を要求し、とりあえず師直の追い落としに成功する。しかし、これには師直も黙ってはいなかった。八月、こんどは師直が尊氏・直義兄弟のいる将軍亭を兵で取り囲み、師直の復権と直義派の一掃を要求したのである。

このとき師直のもとには、尊氏兄弟に倍する兵力があったとされる。このように家臣団が将軍亭を取り囲み、側近勢力の除去や将軍の専断を抑止する行為は「御所《ごしょ》巻《まき》」とよばれ、この後、室町幕府独特の政治慣行となってゆく。このときも、けっきょく尊氏は「御所巻」に押し切られ、師直らの要求を呑み、師直の執事復職とともに、鎌倉にいた嫡子義詮《よしあきら》を京に呼び戻し、直義にかわって幕政に参画させることになる。なお、このとき直義派として失脚させられた上杉重能《しげよし》・畠山直宗《ただむね》は越前国と信濃国に流罪にされるが、その途中でともに師直派の手によって暗殺されている。このように「流罪」という形式をとりながら、実質上の「死刑」が行われるという隠微な手続きも、この後、室町幕府の政治慣行として定着してゆくことになる。

しかし、翌観応《かんのう》元年（一三五〇）になると、直義の巻き返しが行われる。尊氏の二男でありながら「一夜通ヒ」で生まれた庶子であったために父に疎まれていた直《ただ》冬《ふゆ》は、これよりさき直義に拾われ、彼の養子として、中国探題《ちゅうごくたんだい》*の職を与えられていた。しかし、養父直義の失脚により後ろ盾を失った直冬は、実父尊氏に強く反発し、九州で兵をあげる。これを危険視した尊氏は、十月、師直らとともに直冬討伐の遠征を計画する。ところが、その九州遠征出発前日、直義が京都をにわかに出奔し、師直らに公然と対決の姿勢を表わしたのである。

尊氏はこれを無視して、いちどは九州遠征に出発するものの、このときの直義の動きには、畿南で畠山国清《はたけやまくにきよ》・石塔頼房《いしどうよりふさ》、四国で細川顕氏《ほそかわあきうじ》、北陸で桃井直常《もものいただつね》*が呼応し、たちまち直義派は一大勢力となった。しかも、この間、師直への恨みに駆られた直義

---

* **中国探題**　鎌倉幕府がモンゴル襲来に備え、長門国（山口県）の守護にあたえた職掌。長門探題とも。六波羅や鎮西探題のような訴訟裁決機関の実態はない。

* **桃井直常**　南北朝期の直義側近の武将（生没年未詳）。足利一門。観応の擾乱では直義派の急先鋒として北陸や京都を中心に活躍。直義死後は南朝方として活動。

は、少しでもみずからの勝利を確実なものとするため、南朝と提携するという〝禁じ手〟にまで手を染めている。理念のうえでは伝統主義的な立場を堅持しながらも、一方で理想実現のためには親王暗殺も辞さないマキャベリストとしての一面ももっていた直義の執念の一手であった。

この状況を知った尊氏は、播磨で舟遊びに出かけるといって陣を出たまま、ことあろうに一時失踪してしまう（『園太暦《えんたいりゃく》』）。総大将が陣中で姿をくらましてしまうとは、異常事態というほかないが、師直と直義の板挟みのなかで、もはや尊氏には事態をどうすることもできなくなっていたようだ。観応二年（一三五一）正月、直義は尊氏が留守にしていた京都を制圧してしまう。二月には、引き返してきた尊氏軍を摂津国打出浜《うちではま》（現在の兵庫県芦屋市）で粉砕し、師直・師泰兄弟を負傷させ、とうとう尊氏を降参に追い込んでいる。

降参した尊氏は、直義方の要求を呑み、師直兄弟を出家させることに応じる。が、その直後、尊氏にともなわれて京都にのぼる途中、師直・師泰兄弟は直義派の上杉能憲《よしのり》によって誅殺されてしまう。上杉能憲は、流罪途中で師直によって殺害された重能の養子であったから、これは事実上、能憲による養父の敵討ちであった。ただ、じつは、このとき尊氏は、出家姿になってみすぼらしい師直・師泰とともに上洛するのを「見苦しい」といって嫌い、彼らに行列の後ろから三里（約二キロ）ばかり離れてついてくるようにという指示を出していた（『観応二年日次記』）。彼らは、事

師直・師泰兄弟の誅殺
「太平記絵巻」第9巻「師直以下被誅事」。東京国立博物館所蔵。

実上、尊氏に見捨てられたようなかたちで、殺害されてしまったのである。ともあれ師直が抹殺されたことで、直義と師直の対立は直義の勝利に終わった。

さて、この一連の内部抗争を経て、尊氏の立場はどうなったのだろうか。本来ならば敗軍の将として、その力を大きく失墜させてもおかしくはないはずなのだが、意外にも尊氏は打出浜の敗戦後もまったく悪びれた様子を見せず、むしろ以前よりも尊大に振る舞うようになっていた。直義に対しては、戦後、勝手に師直を殺害した上杉能憲の処刑を強く要求したり、論功行賞では自分の部下に真っ先に恩賞を与えるようにという無茶苦茶な要求も出している。また、あるとき直義方の細川顕氏が面会を求めたときなどは、尊氏は自分のことは棚に上げ、

「降参人《こうさんにん》の分際《ぶんざい》でわたしに面会を求めるとは、なにごとかッ！」

と一喝し、顕氏を追い返してしまっている。あきらかに立場はアベコベなのだが、尊氏のもつ不思議な迫力に気圧されて、勝ちいくさで上機嫌だった顕氏は一転して恐怖に震えていたという。

そもそも尊氏はあまり些細なことに拘らない性質ではあったが、こんどの敗戦も尊氏と直義の戦いではなく、あくまで師直と直義の戦いであると、はなはだ自分に都合のいいように事態を考えてしまっていたようだ。

こうした尊氏の無配慮な対応も原因となり、けっきょく、いちど亀裂が入ってギクシャクしてしまった兄弟の関係は、この後、ふたたび元の関係に戻ることはなか

った。

直義の死　師直兄弟が抹殺され、和議は成立したものの、尊氏派と直義派の大名たちは、狭い都のなかで疑心暗鬼に駆られ、たがいに反目を深めていった。そうしたなか直義は、観応二年（一三五二）七月、軋轢《あつれき》に耐えかね、ついに「天下静謐《せいひつ》のため」と称し、みずから政務の座を下りる。しかし、なお尊氏派の動向に不穏なものを感じた直義は、八月、ふたたび京都を出奔し、北陸に拠点を移してしまう。師直なき今、こんどこそは完全な兄弟対決であった。

するとと、つぎには尊氏が南朝にすり寄る姿勢をみせる。前年の直義と南朝の提携は、けっきょく直義が武家政治の存続にこだわったために破談になってしまっていた。これに対し、尊氏は「政権を南朝に全面返上する」という突拍子《とっぴょうし》もない提案を平気で行い、直義に先んじて南朝の甘心《かんしん》をとりつけることに成功する。こんなことをしたらみずからが推戴《すいたい》する北朝の立場はどうなるのかと思えるが、尊氏がそのあたりのことを思念した形跡はない。まったく実現の見込みのない無節操な提案であったが、しかし南朝はこれを受け入れ、尊氏に直義追討の綸旨《りんじ》を与えることになる。この南北朝の和議のことを、南朝の年号をとって「正平一統《しょうへいいっとう》」とよぶ。

一方、直義は十一月になると、北陸を経て関東に向かい、鎌倉に拠点を定めた。「建武式目」に記したように、直義にとって〝武家の都〟は本来、鎌倉であり、その地を掌握する者こそが武家の棟梁であるという意識があったのだろう。これをうけて、尊氏は京都を義詮に委ね、ついに直義との最後の決戦におよぶため、みずから関東への出馬を決意する。尊氏にとっては、十六年前、建武政権に反旗を翻して以来の関東下向であった。そのときは弟を救援するための出陣であったが、十六年の歳月を経て、こんどはその弟と弓矢を交えるために出陣せねばならないという、じつに皮肉な巡りあわせであった。

十二月、尊氏は、駿河湾を東にのぞむ薩埵山《さったやま》（現在の静岡県静岡市）に陣を構え、そこを死守し、ついに下野宇都宮《うつのみや》氏らの支援をうけ、直義軍を壊滅させる。伊豆山中に遁《のが》れた直義は戦意を喪失し、尊氏に降伏。翌年正月、そのまま尊氏にともなわれて鎌倉に入った。

そして二月、直義は幽閉先の鎌倉浄妙寺《じょうみょうじ》境内《けいだい》の延福寺《えんぷくじ》において、謎の死をとげる。享年四十六歳。死去した場所は延福寺ではなく、べつに大休寺とも、稲荷智円《いなりちえん》坊《ぼう》屋敷とも言われている。『太平記』は、直義の死因を「鴆毒《ちんどく》」（鳥の羽根の毒）によるものと述べ、尊氏による毒殺であったとの噂を伝えている。

この『太平記』の記述をめぐって、直義の死は暗殺か自然死か、古くから研究者のあいだで議論が分かれている。しかし、私は、やはり偶然にしては直義の死はあまりにタイミングが良すぎる気がする。直義の存在によって、これ以上、幕府が動揺するのを抑えるため、尊氏は、みずからの判断で実の弟に手を下したのではないだろうか（なお、直義の命日が高師直のちょうど一周忌にあたることから、その日を狙って誅殺したとする見解もあるが、そこまで念の入ったことをする必然性は感じられないので、うがち過ぎであるように思える）。なお、このあと尊氏はみずからが死去する二カ月前に、にわかに直義の霊に従二位の位を与え、弟の霊を慰めることに努めている。実の弟をわが手にかけて平静でいられるはずもなく、どうやら尊氏は死の間際まで良心の呵《か》責《しゃく》に苛まれていたようである。＊

鎌倉と京都

直義の死によって観応《かんのう》の擾乱《じょうらん》は収束し、室町幕府は権力の所在を尊氏のもとに一元化し、それを嫡男の義詮《よしあきら》が引き継ぐ路線もひとまず整った。それは、尊氏がこの一連の内部抗争の〝最後の勝者〟になったことを意味していた。個々の局面では師直や直義に牛耳られているように見えながらも、最終的に尊氏はこの擾乱の過程で、嫡男義詮への権力移譲という最大の果実を手に入れることになったのである。そのため、研究者のなかでは、この間の尊氏の微妙な立ち位置や行動に高度な政治戦略があったとみるのが有力である。

しかし、それはあくまで結果論からの類推であって、少々尊氏を買いかぶりすぎているのではないだろうか。これまでの尊氏の言動をみてみても、彼にそのような深謀遠慮があったとは思えない。むしろ、彼は師直と直義のあいだに挟まれて無定見に振り回されているという印象がつよい。彼にもう少し毅然とした態度があったならば、この戦乱は避けられる性格のものだったようにすら思われる。

直義落命後、尊氏は京都を義詮に任せ、鎌倉に一年半滞在する。直義の死の直後、

＊直義の霊　その後、直義の霊は死去した大蔵谷の地名から「大蔵明神」という神号をあたえられ、康安二年（一三六二）に大蔵宮として京都の天龍寺と鎌倉の大蔵谷に祀られた（『後深心院関白記』康安二年七月二十二日条、『綱光公記』文安五年九月二十九日条、『臥雲日件録抜尤』享徳元年二月二十三日条を参照）。

尊氏はそのまま鎌倉で病の床につき、京都では死亡説すら流れていた（『園太暦』）。尊氏もすでに四十八歳。これまで精神的にはともかく肉体的には頑強であったが、直義との死闘が彼を肉体的にもすり減らしてしまったのかもしれない。これ以後、尊氏の健康にも陰りがみえはじめることから、尊氏が鎌倉を離れなかったのには、彼の健康状態の問題もあったのかもしれない。

しかし、この間の情勢も予断を許さないものがあった。吉野には南朝が再び力を盛り返していたし、九州には尊氏への恨みを募らせる直冬《ただふゆ》があった。直義が死んだ翌月の観応三年（一三五二）閏二月には、南朝が早々に和議を破って京都に攻めのぼり、北朝の光厳・光明・崇光《すこう》の三上皇を拉致《らち》*し、三種の神器を持ち去るという大事件も起きる。また、このとき関東では、南朝の動きに呼応した新田義宗《よしむね》らによって尊氏が一時、鎌倉を逐《お》われるという事態も起きていた。

そんななか、尊氏は京にいる義詮に次のような内容の自筆書状を出している（京都国立博物館所蔵文書）。

　赤松則祐《そくゆう》の所領が関東にあるなんて知らなかったんで、しつこく恩賞を求めてくるヤツらにくれてしまったよ……。赤松から替わりの所領をくれと泣きつかれて困っている。京都のほうに適当な所領があったならば、急いで世話してやってくれ。わるいな。

　六月五日　尊氏

＊ 三上皇拉致　正平一統の結果、当時、北朝の崇光天皇は退位し、南朝の後村上天皇が正当な天皇とされていた。南朝はさらにそれを確実なものとするべく、北朝の三上皇を賀名生へ連れ去った。

坊門（足利義詮）殿

義詮の困惑する顔が目に浮かぶような内容である。戦場に出ると変に高揚して野放図に恩賞を与えてしまう尊氏の悪い癖は、相変わらず直っていなかったようだ。観応三年九月に幕府が発した法令では、間違って同じ土地を複数の人物に恩賞として与えてしまった場合、日付の古い文書を真正の文書として扱うと規定されている。また同年十月には、間違ってひとつの土地を寺社と俗人に与えてしまった場合の処理策も定められている。まことにレベルの低い法令といわざるをえないが、尊氏が乱発した恩賞文書によって、こんな混乱が現実に巻き起こされていたのである。

このままではまずいと思ったのだろう。京都の義詮は、とにかく形のうえだけでも北朝を再建することをめざし、七月、京都で「観応の半済令」とよばれる法令を発布する。これは近江・美濃・尾張の三カ国の寺社本所領の年貢半分を一年間に限り、守護が兵糧米として徴収することを認めた法令である。従来、この法令は守護の荘園侵略を公認した法令として評価されてきたが、近年では、むしろ守護の利益を守りながらも、最

足利義詮像
京都市・宝篋院所蔵。

低限の寺社本所領を確保しようとする意図がある法令であったと考えられるようになっている。そして八〜九月、崇光上皇の弟を後光厳《ごこうごん》天皇として新たに践祚させるとともに、義詮は年号を「観応」から「文和《ぶんな》」に改め諸政一新をアピールする。三人の上皇を拉致されたうえに神器も奪われ、正当性根拠のすべてを失った義詮は、急場しのぎで光厳上皇の生母広義門院《こうぎもんいん》を上皇にみたて、神器の入っていた空箱を神器にみたてることで、新天皇擁立を強行したのである。

しかし、その年の暮れには西国の直冬が南朝に降伏し、翌文和二年（一三五三）六月には、こんどは直冬と南朝の連合軍が京都に攻めのぼってくる。ここで義詮は再び京都を捨て、後光厳を連れて美濃国小島《おじま》（現在の岐阜県揖斐川町）に遁《のが》れることを余儀なくされる。ことここにいたって、尊氏はついに一年半滞在した鎌倉から重い腰をあげ、七月、西上して義詮の救援に向かう。

尊氏が鎌倉を発った後、配下の村上貞頼《むらかみさだより》が金沢称名寺《しょうみょうじ》*に宛てた文書のなかで「未解決の訴訟については、御所（尊氏）が来春に御下向なされたら、あらためて訴え出てほしい」ということが述べられている（賜蘆文庫文書所収称名寺文書）。これが面倒な訴訟を回避するための村上の方便でないとしたら、尊氏は鎌倉を離れる当初は、事態が好転したら、また鎌倉に戻る意向をもっていたことを意味している。弟直義が「建武式目」の理想そのままに最期の地を鎌倉に求めたように、尊氏も〝武家の都〟鎌倉こそが自分の安住すべき場所と考えていたようだ。しかし、周囲の政治情

＊金沢称名寺　真言律宗。金沢山。横浜市金沢区金沢町二一二—一。金沢文庫駅から徒歩十分。北条実時が別荘に建てた持仏堂を、文永四年（一二六七）に寺院とした。境内には、実時が創始した金沢文庫があった。現在は、神奈川県立金沢文庫が建ち、伝来の仏教美術品・古文書・典籍などを保管している。

勢はそれを許さず、尊氏に残された寿命もあとわずか五年しかなかった。

直冬との対決

美濃で義詮と合流した尊氏は、長途の疲労もあってか、ふたたび発病する（『小島のすさみ』）。それでも尊氏の支援をうけた義詮は、九月になって京都を直冬・南朝軍から奪回することに成功する。しかし、それも束の間、一年三カ月後の文和三年（一三五四）十二月には、直冬・南朝軍はまたもや京都に攻めのぼり、尊氏は後光厳を奉じて近江国武佐寺《むさでら》（現在の滋賀県近江八幡市）へ退却せざるをえなくなる。「正平一統」決裂以来、三度目の南朝による京都奪還であった。このとき熾烈《しれつ》な市街戦が展開されたが、最終的には直冬軍は遠征軍であったため食糧補給の方途《ほうと》を失い、翌年三月、兵をひくことになる。

入京中の直冬が残した祈願文には、次のような文章が記されている。

父である尊氏は、いま敵陣にある。父に対して弓をひいては、神仏の祟りが測り知れない。胸が張り裂けそうな思いだ……。こうなれば、わたしの本意は、ただ父の周囲にいる悪人どもを成敗することだけだ。わたしは決して私利私欲から正義の旗を掲げたわけではない。

これは直冬の本心というよりも、配下の将兵の士気を鼓舞《こぶ》するためのプロパガンダとみるべきだろう。対義詮戦ならともかく、実父である尊氏と戦うということに、直冬軍の将兵のなかにはただならぬ心理的抵抗があったようだ。直冬はこれまでの北朝との戦闘でも、終始「両殿（尊氏・直義）にご安心いただくため」という言い分を掲げて戦っており、尊氏に弓ひくわけではなく、その君側の奸《かん》を除くための戦いであることを主張してきた。彼が戦闘途中で陣を引き払わざるをえなくなったのには、食糧補給の問題のほかに、父と干戈《かんか》を交えるということに、ついに大義名分を見い出せなかったという点が大きかったようだ。* 以後も直冬は中国地方を転戦し、北朝への抵抗を継続してゆくことになるが、この後、彼が尊氏のまえに姿を現すことは二度となかった。

尊氏死す　文和五年（一三五六）あたりから、尊氏の病はしだいに重篤なものになっていった。文和五年一月、延文《えんぶん》二年（一三五七）正月、同二月、同三月と、京都では尊氏の健康を祈る五壇法《ごだんほう》*や祈禱が実施されている。尊氏自身も健康に自信を失ったことで、そろそろみずからの生命のあるうちに、動乱を収束させようということを考えはじめたらしい。文和四年（一三五五）には直義・直冬派であったとしても、降伏すれば本領は安堵するという法を定め、敵対勢力への懐柔《かいじゅう》に努めている。また一方で、南朝との和平交渉も水面下で推し進め、最終的に妥結《だけつ》をみなかったものの、延文二年七月にはかなりのところまで話が進められていたらしい。同年二月には、南朝に拉致されていた光厳法皇らを無事に都に取り戻すことに成功している。

延文元年から二年にかけては、所領や所職を宛行《あてが》う重要文書である袖判下文《そではんくだしぶみ》が尊氏の名前で出されることはなくなり、かわって義詮の名前による文書発給が確認

---

* **直冬の敗北**　『太平記』には、石清水八幡宮で軍の吉凶を占わせた直冬に対し、親に背く大将に八幡神は味方しないという託宣が下り、これを聞いた諸将が動揺し、直冬軍が崩壊したというエピソードが紹介されている。

* **五壇法**　密教の修法のひとつ。不動明王ほか、五大明王を本尊とし、とくに国家や天皇家の大事のために祈る。

されるようになる。この時期、親子のあいだで徐々に権限移譲も進められていたようだ。

　義詮はとかく「人の申すにつきやすき人」（他人の意見に流されやすい人物）などと評され（『太平記』）、あまり後世の評価は高くはないが、南北朝の動乱の過程で野放図になっていた社会秩序の修復には大きく尽力した。義詮は、死去にあたって寺社領の復興を「御遺命《ごいめい》」として申し置くほどに、一貫して荘園領主層の保護に心を砕く人物で、「御前沙汰《ごぜんざた》」とよばれる独自の将軍親裁機関を整備して、守護の押妨により所領や所職を失った人々の知行回復の徹底を図っている。また、延文二年九月の追加法は、寺社本所領保護法令の集大成ともいうべき内容をもっており、これまで寺社本所領に対して幕府が個別に行なってきた措置を再整理しようという意気込みに満ちたものだった。そのなかには、尊氏が散々乱発した「軍陣の下文」の権能に一定の制限をかけて整理を試みようという条文も含まれている。いずれの施策も、尊氏には性格的にも時代状況的にも、取り組むのは不可能な事柄であった。こうして尊氏の残した宿題は、義詮やその子孫たちに受け継がれることになった。

　延文三年（一三五八）二月、尊氏は九州の南朝勢力の頭目である懐良《かねよし》親王*を討つため、みずから病を押して最後の遠征を思い立つ。しかし、病篤く、三月上旬の出征予定が下旬にずれ込み、最後は病身を案じる義詮にとめられて、けっきょく九州親征は断念せざるをえなくなってしまう。そして翌四月三十日、背中にできた「癰《よう》

＊ 懐良親王（一三二九～八三）後醍醐天皇の皇子。征西将軍として九州に派遣され、菊池・阿蘇氏らの支持をえて九州の南朝勢力を拡大する。

足利尊氏臨終
「太平記絵巻」第10巻「将軍御逝去事」。埼玉県立歴史と民俗の博物館所蔵。

瘡《そう》」（はれもの）の悪化が直接の原因となり、ついに尊氏は死去する。享年五十四歳。その生涯で、あきらかなだけでも京都と鎌倉を往反すること三回半、九州と京都のあいだを一往復している。文字どおり波乱万丈の生涯であった。

尊氏の法名《ほうみょう》は、京都の足利氏菩提寺の名でもある「等持院殿《とうじいん》」が一般に知られているが、死没直後は鎌倉の菩提寺の名をとって「長寿寺殿《ちょうじゅじ》」とよばれており、それは生前の尊氏の意志によるものだったという（「神護寺交衆任日次第」）。尊氏の心中には、最後の最後まで故郷である関東への思慕の念があったようだ。

修羅の道の光明

ふり返ってみて、足利尊氏という人物は、決してヒーロータイプではなく、自身の思い描く理想のために周囲をぐいぐい引っ張ってゆくようなリーダータイプでもなかった。どちらかといえば、周囲の動向に翻弄され傷つけられ、また自身も知らぬうちに周囲を傷つけてしまうという型の人物であり、あまり政治家に向いているタイプではなかったようだ。鷹揚で人当たりはいいものの、彼はつねに内面に深い虚無を抱えていた。

では、めまぐるしく動く政局のなかで、彼は心のう

足利尊氏筆地蔵菩薩像
鎌倉市・浄妙寺所蔵。

足利尊氏墓
京都・等持院内。

ちの暗い空洞を何によって埋めていたのだろうか。

現在、鎌倉浄妙寺《じょうみょうじ》や高徳院《こうとくいん》、静岡の清見寺《せいけんじ》、栃木県立博物館など八カ所に、尊氏が描いたと伝えられる地蔵菩薩像《じぞうぼさつぞう》が残されている。その絵はいずれも単純で、けっして上手いとは言い難いが、不思議な愛嬌《あいきょう》のある筆致である。伝えによれば、尊氏が九州に落ちのびたさい、夢のなかで地蔵が窮地を救ってくれたことから、それをきっかけに地蔵菩薩の絵姿を描くようになったのだという（『空華《くうげ》日用《にちよう》工夫《くふう》略《りゃく》集《しゅう》』永徳二年十月一日条）。生前の尊氏は、こんな同じような地蔵菩薩の絵を何枚も描いて、ときには家臣に与え、ときには寺社に奉納したりしていたらしい。

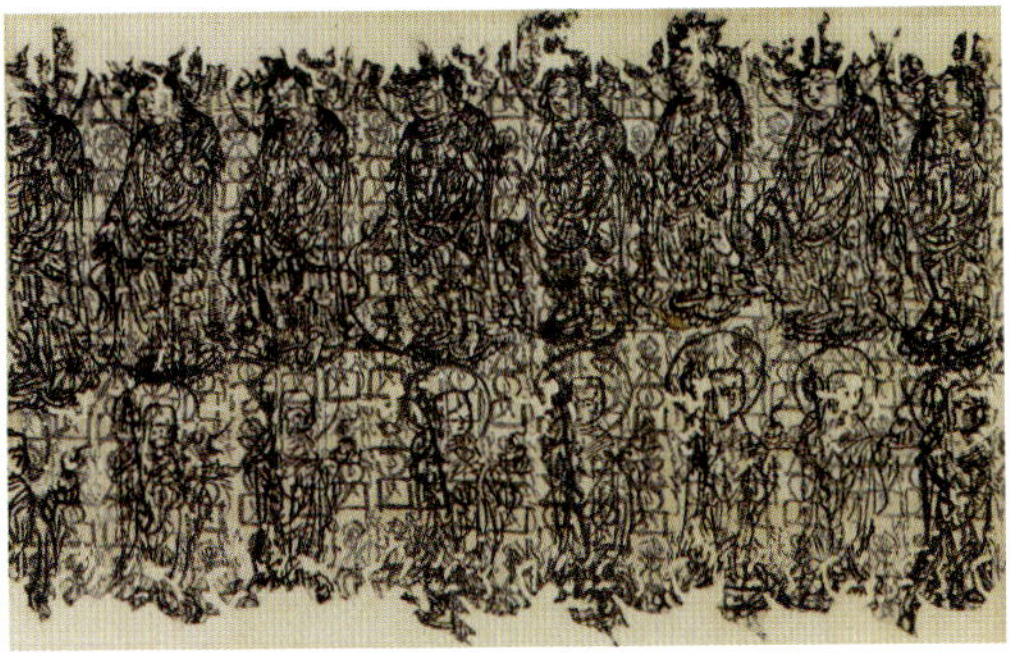

足利尊氏筆日課観音地蔵像
栃木県立博物館所蔵。

また、ほかにも、尊氏が毎日小さな観音と地蔵の図像を一体々々描いたという断簡《だんかん》も、現在、栃木県立博物館に残されている。裏面にびっしり五輪塔を記し、表側にたいへんな細かさで日付と地蔵や観音を描いた、その作品からは、作者の信仰心というよりも、もっと気魄《きはく》に近いものが伝わってきて、見る者をたじろがさせずにはおかない。

夢窓疎石のすすめる禅宗についても、ミーハーな関心を示した尊氏だったが、彼の信仰の核には、つねに素朴な地蔵菩薩信仰があったようだ。天龍寺や等持院や宝《ほう》戒寺《かいじ》など、尊氏ゆかりの寺院には、いずれも尊氏の念持仏《ねんじぶつ》（守り本尊）とされる地蔵菩薩像が伝来している。尊氏の鎧櫃《よろいびつ》のなかには、つねに守り仏として地蔵像が入れられていたともいう（『蔭凉軒日録《いんりょうけんにちろく》』延徳三年七月十五日条）。

そうした地蔵信仰を彼に植えつけたのは、母清子であったらしい。尊氏が鎧櫃のなかに入れていたという地蔵も、もとは清子の一周忌に用意されたものだったという。また、清子の故郷である丹波国八田郷上杉（京都府綾部市）の丹波安国寺《あんこくじ》＊には、清子が尊氏を産むさいに安産祈願をしたという地蔵菩薩半跏像《はんかぞう》も伝わっている。地蔵菩薩は、俗に小児の成長を守る慈愛に満ちた仏とされている。母清子も、地蔵に我が子の成長を祈ったのかもしれない。

ただ、一方で地蔵菩薩とは、本来、地獄のなかで苦しむ衆生を教え導き、その苦しみを代りに受容する菩薩であるともされている。鎌倉幕府を滅ぼし、後醍醐天皇を京都から追い、血を分けた弟や我が子と死闘を演じる尊氏の生涯こそは、この世に地獄を再現したかのような時間だった。そうした修羅《しゅら》の道を歩む尊氏にとって、地蔵菩薩は、彼に心のやすらぎを与えてくれる唯一の存在だったのかもしれない。

尊氏は、遺言や辞世の句といったものは残さなかったが、しいて言えば、私は彼がつくった次の歌が、彼の生涯と思想を端的に表現しているように思う。

＊丹波安国寺　臨済宗東福寺派。景徳山。綾部市安国寺町寺ノ段一。JR梅迫駅より徒歩十五分。母清子の故郷の光福寺を尊氏が安国寺とした。境内には尊氏・清子・登子の墓があり、門前には尊氏の産屋跡や産湯の井戸がある。

いそぢまでまよひきにけるはかなさよ　ただかりそめの草のいほりに

——五十年間、むなしく迷い生きてきた、この一時の粗末な仮小屋で

（『風雅和歌集』巻第十八）

御家人の庶子の身の上から、室町幕府を創業し、天下の覇権を握るにいたった、その生涯は、客観的には類まれな栄光と幸運に満ちたものだった。しかし、そこで手に入れたすべては、彼にとっては「かりそめの草の庵」にすぎず、決して彼の内面を充足させるものとはならなかった。むしろ、五十余年の生涯で、彼の心は周囲の離合集散に深く傷つけられ、また彼の言動も周囲を激しく傷つけることになった。自身の意向とは無関係に戦場を疾駆させられた無駄に慌ただしい生涯のなかで、彼の心のよりどころは地蔵菩薩が導く来世へのただ一筋の光明へと向けられていたのかもしれない。

Ⅱ

歴代足利一族をめぐる伝説と史実

一　異常な血統？

足利一族の謎

足利尊氏《あしかがたかうじ》自身は、その青春時代のほとんどを鎌倉で過ごしたと思われ、意外にも名字の地である足利荘《あしかがのしょう》＊には立ち寄ったことがあるかどうかすら分からない。そのため現在の足利市内に尊氏の足跡を探すのは難しいが、彼の先祖が建てた寺院や足利一族にまつわる伝承は市内に比較的多く残されている。ここでは、足利や鎌倉に残されたそうした史跡を紹介しながら、尊氏以前の歴代足利一族の歩みをたどってゆきたい。

ただ、尊氏以前の歴代足利氏を語るとき無視できないのが、彼ら当主が一様に歴史に残した不可解な言動の数々である。たとえば足利氏の二代目、義兼《よしかね》については、源頼朝《みなもとのよりとも》の親族として鎌倉幕府創業に大きく尽力しながらも、突然、謎の出家をとげ足利荘に隠棲し、その後、奇妙な遺言を残して、その生を終える。四代目の泰《やす》氏《うじ》についてもまた、幕府に無断で唐突な出家をし、その罪で所領没収の憂き目にあう。六代目で、尊氏の祖父にあたる家時《いえとき》にいたっては、子孫に「天下をとるように」との、やはり不思議な遺言を残して、みずから命を絶ってしまう。このように、歴代足利氏当主には、つねに奇怪な逸話がつきまとう。

＊　足利荘　現在の栃木県足利市一帯。康治元年（一一四二）に源義国が私領を山城国安楽寿院に寄進して立荘。領家職は美福門院得子から八条院暲子へと伝領された。

ご氏名《ふりがな》	年齢　　歳	男・女
〒 □□□-□□□□ ご住所	電話	
ご職業	所属学会等	
ご購読新聞名	ご購読雑誌名	

今後、吉川弘文館の「新刊案内」等をお送りいたします(年に数回を予定)。
ご承諾いただける方は右の□の中に✓をご記入ください。 □

注文書

月　　日

書　　名	定　価	部　数
	円	部
	円	部
	円	部
	円	部
	円	部

配本は、○印を付けた方法にして下さい。

イ. 下記書店へ配本して下さい。

(直接書店にお渡し下さい)

(書店・取次帖合印)

書店様へ=書店帖合印を捺印下さい。

ロ. 直接送本して下さい。

代金(書籍代+送料・手数料)は、お届けの際に現品と引換えにお支払下さい。送料・手数料は、書籍代計1,500円未満500円、1,500円以上200円です(いずれも税込)。

＊お急ぎのご注文には電話、FAXもご利用ください。
電話 03―3813―9151(代)
FAX 03―3812―3544

料金受取人払郵便

本郷局承認

6708

差出有効期間
平成27年7月
31日まで

郵便はがき

1 1 3-8 7 9 0

2 5 1

東京都文京区本郷7丁目2番8号

吉川弘文館 行

愛読者カード

本書をお買い上げいただきまして、まことにありがとうございました。このハガキを、小社へのご意見またはご注文にご利用下さい。

お買上**書名**

＊本書に関するご感想、ご批判をお聞かせ下さい。

＊出版を希望するテーマ・執筆者名をお聞かせ下さい。

お買上書店名　区市町　書店

◆新刊情報はホームページで　http://www.yoshikawa-k.co.jp/

◆ご注文、ご意見については　E-mail:sales@yoshikawa-k.co.jp

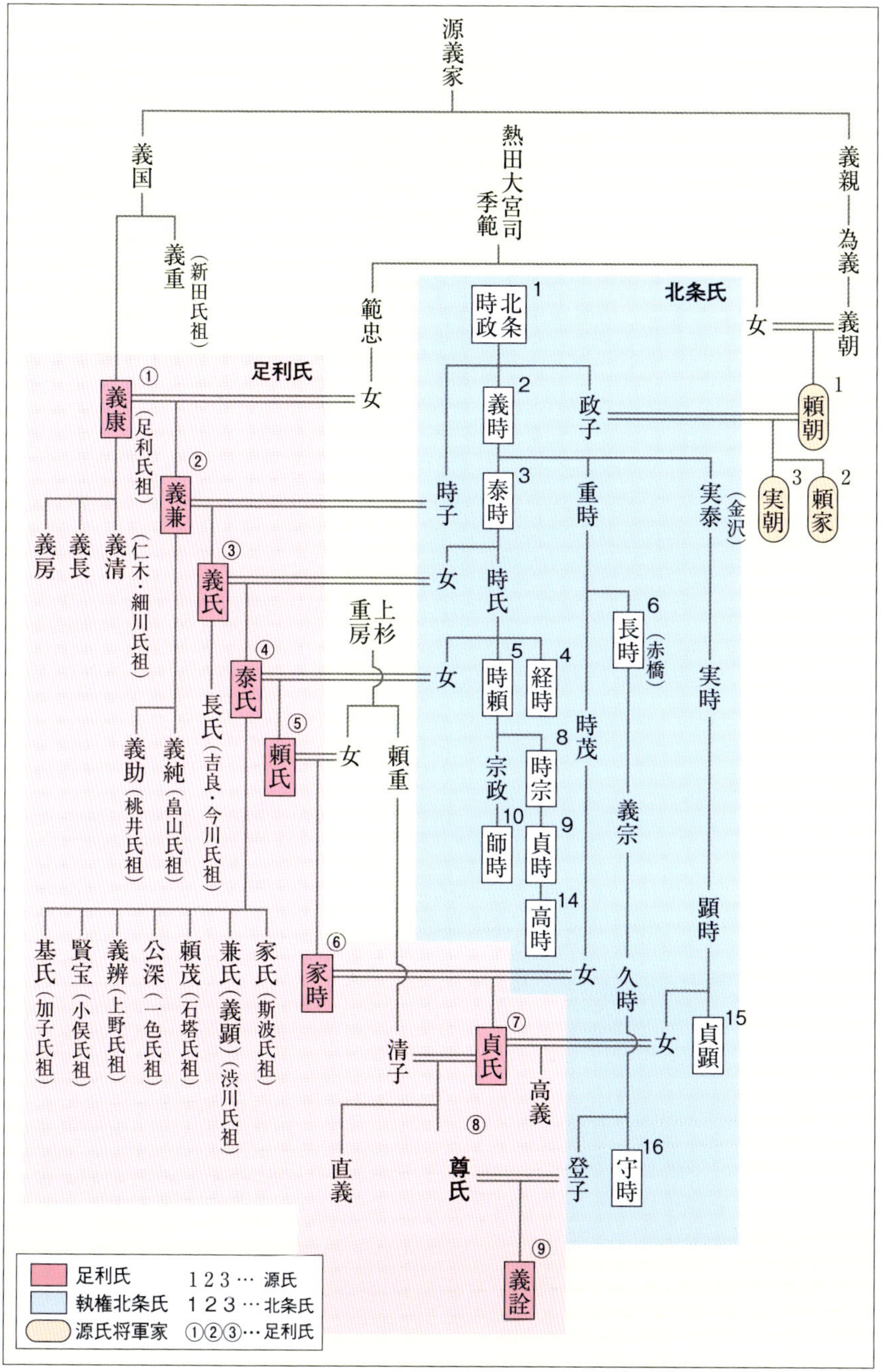

足利氏・北条氏系図（栃木県立博物館特別展図録『足利尊氏』所収）

こうした逸話や、すでにみた尊氏の振幅の激しい性格などをもとに、高名な中世史家である佐藤進一《さとうしんいち》は、尊氏と歴代足利当主の血統の異常性について次のように指摘している。

尊氏は、性格学でいう躁鬱質《そううつしつ》、それも躁状態をおもに示す躁鬱質の人間ではなかったかと思われる。かれの父貞氏《さだうじ》に発狂の病歴があり、祖父家時は天下をとれないことを嘆いて自殺したという伝えがあり、そのほかにも先祖に変死者が出ている。子孫の中にも、曾孫《そうそん》の義教《よしのり》を筆頭に、異常性格もしくはそれに近い人間がいく人か出る。尊氏の性格は、このような異常な血統と無関係ではないだろう。

事実、尊氏に仕え室町幕府創立に貢献した今川了俊《いまがわりょうしゅん》*などは、その著書『難太平記《なんたいへいき》』のなかで、生前に先祖義兼が「わたしの子孫には、しばらく我が霊がとりついて正気を失うことがあるだろう」と予言したとまで述べている。すでに尊氏が生きている頃から、歴代足利氏当主には精神錯乱の傾向があることが知れわたっていたのだろうか。

もちろん、尊氏の場合もそうであるが、歴史上の人物の病名診断など、そう簡単にできるものではない。この問題の解決には、今後もより慎重な史料の検討を必要とするだろう。ただ、この足利一族に遺伝的な精神疾患があったという説については、個別の当主の履歴についてはともかく、それをトータルで否定する見解はまだ

＊今川了俊　南北朝期の武将、歌人（一三二六～一四二〇）。名は貞世。北朝に仕え、九州探題として九州制圧に尽力するも、足利義満に謀叛を疑われ隠居する。

出されていないようだ。はたして歴代足利当主の奇矯《ききょう》な言動は、本当に「異常な血統」によるものだったのか。以下、読者とともに、個性あふれる足利当主ひとりひとりの事跡を追いながら、その問題を考えてみることにしよう。

二　義兼の遺言

樺崎寺の遺言

足利市街地の中心部に、深い堀と緑の土塁に囲まれて、観光地としても有名な鑁阿寺《ばんなじ》がある。そこには、本堂である大御堂《おおみどう》や、経堂《きょうどう》、鐘楼《しょうろう》など、鎌倉〜室町時代の面影を伝える多くの建造物が建ち並び、貴重な古文書や寺宝が今に伝えられている。「古都」とよばれ多くの観光客を集める鎌倉市内には意外にも鎌倉時代の建築物はほとんど残っておらず、「世界遺産」とされた京都市内の寺社応仁《おうにん》の乱以前の建築物は数えるほどしかないことを思えば、北関東に残された、この鑁阿寺の伽藍《がらん》の威容《いよう》はもっと多くの人に注目されてもいいだろう。

この鑁阿寺の建っている場所こそが、足利氏の二代義兼が住んでいた館の場所である。周囲をめぐる堀と土塁は、義兼時代の遺構と考えられている。その後の足利一族の飛躍の原点といってもいいかもしれない。その義兼が生前に館内に構えた持《じ》仏堂《ぶつどう》が鑁阿寺の前身であり、義兼の死後、館はそのまま足利氏の氏寺とされ、寺は義兼の法名《ほうみょう》「鑁阿」をとって鑁阿寺と名づけられることになる。

鑁阿寺のある足利市の中心街から、さらに北東へ六キロほど行ったところにあるのが、樺崎寺跡《かばさきでらあと》である。鑁阿寺が足利氏の氏寺《うじでら》であったのに対して、ここは足利氏歴代の廟所《びょうしょ》となった場所で、鑁阿寺の「奥《おく》の院《いん》」ともされた場所である。かつてはわずかに樺崎八幡宮《かばさきはちまんぐう》が往時を偲ばせるだけであったが、現在は発掘調査と史跡公園整備が進められ、この地に多くの堂塔と広大な浄《じょう》土《ど》庭園《ていえん》*をもつ東国を代表する大寺院があったことが明らかにされている。その規模は、摂関家《せっかんけ》の宇治《うじ》平等院《びょうどういん》や、

鑁阿寺の堀
足利市家富町。

樺崎寺跡
足利市樺崎町・足利市教育委員会。

＊浄土庭園　平安後期以降、浄土思想にもとづいて造られた庭園様式。金堂や阿弥陀堂の前に大きな池と中島を設け、橋をわたし、極楽浄土を再現することが意図された。

樺崎八幡宮
足利市樺崎町。

奥州《おうしゅう》藤原氏《ふじわらし》の平泉《ひらいずみ》無量光院《むりょうこういん》、頼朝の鎌倉永《よう》福寺《ふくじ》にも匹敵するものであったとされる。創業まもない鎌倉幕府の重職を突然なげうち足利荘に隠棲《いんせい》した義兼は、この樺崎寺で四十六歳の生涯を閉じたのである。

しかし、この義兼については、出家と同時に鎌倉幕府の史書である『吾妻鏡《あずまかがみ》』*からも突然姿を消してしまい、その唐突な出家の動機は謎に満ちている。また、樺崎寺での臨終の様子についても、鑁阿寺文書として残された「鑁阿《ばんな》寺《じ》・樺崎縁起《かばさきえんぎ》并《ならびに》仏事次第《ぶつじしだい》」などに書かれている内容は、いかにもおどろおどろしい。それによれば、義兼は臨終《りんじゅう》にさいし、自身の血液でもって次のような遺言を書き遺したという。

わたしは神となって、この樺崎寺の鎮守《ちんじゅ》となろう。ついては、必ずわたしは片目を開き、片目を閉じておこう。というのも、片目を開けておくのは、この寺の繁昌を見んがためであり、片目を閉じるのは、この寺の衰微を見ないようにするためである。この寺の繁昌は、すなわち子孫の繁昌。この寺の衰微《すいび》は、すなわち子孫に深い謹慎を求めるものに他ならない。

＊『吾妻鏡』　鎌倉幕府の編纂した史書。日記体で、治承四年（一一八〇）の源頼政挙兵から文永三年（一二六六）の惟康親王将軍就任までの出来事を記述する。鎌倉幕府研究の根本史料。

血書《けっしょ》による遺言といい、その内容といい、ここからは、子孫の繁栄に対する義兼の並々ならぬ執念が感じられる。義兼の死後、樺崎寺の彼の廟堂は朱で赤く塗られ、「赤御堂《あかみどう》」とよばれることになるが、その後も、天下に怪異《かいい》が起こるとき、この赤御堂は、それに警告を発するかのように鳴動したのだという。

とはいえ、これは後世の鑁阿寺・樺崎寺の由緒書《ゆいしょがき》に書き記された内容であり、もちろんそのすべてが事実であると判断するわけにはいかない。とくに血液でもって文書を書く「血書」*という習俗は、早くは『保元物語《ほうげんものがたり》』や『吉記《きっき》』などにも見られるが、多くは南北朝時代にならないと確認できないものであり、義兼の生きた平安末~鎌倉初期には決して一般的なものではない。ただ、義兼については、この他にも臨終に際してかなり強烈な言動を残したという逸話があることは、事実として認めなくてはならないだろう。前述のように義兼は「わたしの子孫には、しばらく我が霊がとりついて正気を失うことがあるだろう」という遺言を残したとも伝えられており(『難太平記』)、足利に残る伝承では、義兼の死は「生《い》き入定《にゅうじょう》」、すなわち生きたまま葬られることで即身仏《そくしんぶつ》になろうとしたのだとも伝えられている(いまでも樺崎八幡宮の本殿床下には「足利義兼公御廟《ごびょう》」と書かれた木杭を見ることができる。地元ではここに義兼は埋められていると信じられており、現在もこの場所だけは地元と八幡宮の意向で発掘は行われていない)。

では、死去にさいし、かくもエキセントリックな言動を残したと伝えられる足利

---

* 血書　『吉記』寿永二年(一一八三)七月十六日条や『保元物語』には、讃岐に流された崇徳上皇がみずからの血で五部大乗経を写したというエピソードが登場する。

氏二代、義兼とは、どのような人物だったのだろうか。

頼朝と義兼

足利義兼は「身長八尺《はっしゃく》あまり（約二メートル四十センチ）で、力は人に優れていた」とされ、じつは怪力で知られた源為朝《みなもとのためとも》の子であったのを、為朝が保元の乱で敗れたために源義康《よしやす》が匿《かくま》って我が子として育てたのだ（『難太平記』）とまで言われるような、豪傑タイプの人物だったようだ。

その血統は、八幡《はちまん》太郎《たろう》源義家《みなもとのよしいえ》*の孫であり義兼の父である足利氏初代義康が下《しも》野国《つけのくに》足利荘を支配したことにはじまる。父義康や兄義清《よしきよ》・義長《よしなが》らは、当時、足利荘が八条院領《はちじょういんりょう》であった縁故《えんこ》で、京都で鳥羽《とば》法皇《ほうおう》の北面《ほくめん》の武士や八条院などの女院《にょいん》に仕える武士として活躍していた。しかし、源平《げんぺい》の争乱がはじまると、京都にいた兄義清・義長は政争に巻き込まれ、最後は木曽義仲《きそよしなか》軍に身を投じて戦死してしまう。その一方、義兼は兄たちとは行動をともにせず、治承《じしょう》四年（一一八〇）、東国で源頼朝が反平氏の旗をあげるとすぐにその陣営に加わり、以後、一貫して東国で頼朝に近侍して

足利義兼像
足利市・鑁阿寺所蔵。

＊**源義家**　平安後期の武将（一〇三九〜一一〇六）。前九年、後三年合戦に勝利し、東国武士の信望を得、源氏勢力の東国基盤を築いた。

大きな信頼を得ることになる。その背景には、義兼の母が熱田大宮司《あつただいぐうじ》範忠《のりただ》の娘であり、頼朝の母の姪《めい》にあたるという関係があったようだ。また、兄義清らが木曽義仲軍に連なったことを考えると、それへの対抗という裏事情も考える必要があるかもしれない。いずれにしても挙兵間もなく、味方の親族も乏しい頼朝にとって、源氏の血縁につらなる義兼の参陣は心強いものだったにちがいない。

養和《ようわ》元年（一一八一）二月には、義兼は頼朝の取りなしで、頼朝の妻北条政子《ほうじょうまさこ》の妹、時子《ときこ》を妻として迎える。これにより頼朝と義兼の関係は相婿《あいむこ》・義兄弟になったことになるが、こうした事実からも挙兵直後の頼朝が義兼という存在に対して最大限の配慮を行なっていたことがうかがえる。その後も義兼は、頼朝の期待に応えてよく働き、寿永《じゅえい》三年（一一八四）二月には一ノ谷《いちのたに》合戦に参陣、同五月には木曽義仲の嫡子義高《よしたか》の残党討伐のために甲斐《かい》に出陣、八月には源範頼《のりより》に従い平氏討滅のため西海へ出陣と、めまぐるしい活躍をする。そのかいあって、平氏滅亡後の文治《ぶんじ》元年（一一八五）八月には、義兼は頼朝が知行国主《ちぎょうこくしゅ》*を務める上総国《かずさのくに》の介《すけ》（次官）に任ぜられる。

なお、当時、足利荘には、義兼一族の足利氏とは別に、藤原氏の流れをひく藤姓《とうせい》足利氏《あしかがし》*とよばれる、もうひとつの足利氏が存在していた。このふたつの足利氏は足利荘や簗田御厨《やなだのみくりや》*の領有をめぐって競合関係にあり、藤姓足利氏は平氏の家人になることで源姓足利氏に対抗していた。しかし、義兼が頼朝側につき、平氏の権威が後退してゆくなかで、義兼ら源姓足利氏の優勢は圧倒的なものになった。そのため藤

＊**知行国主**　朝廷から特定の国（知行国）の行政権をあたえられた者。知行国主は親族や家臣などを知行国の国司に任命し、その国からあがる収入を得ることができた。

＊**藤姓足利氏**　藤原秀郷《ひでさと》の子孫で、足利地方に勢力を拡大。同じ秀郷流の下野小山氏とならび「一国の両虎」と称された。

＊**簗田御厨**　現在の栃木県足利市のうち渡良瀬川と矢場川に挟まれた地域。康治二年（一一四三）、伊勢神宮領として立券される。権益をめぐって源姓足利氏と藤姓足利氏が争った。

姓足利氏の俊綱《としつな》・忠綱《ただつな》父子は一時、頼朝に帰順するものの、養和元年（一一八一）には窮《きゅう》するあまり頼朝に叛逆し、滅ぼされてしまう。これにより義兼は祖父の代よりの宿願であった足利荘の完全支配を実現するのである。

その後、義兼は、文治五年（一一八九）、頼朝の奥州藤原氏討伐軍にも加わり戦功をあげる。これにともない彼の鎌倉幕府内での地位も確固たるものになってゆく。文治四年（一一八八）と建久《けんきゅう》五年（一一九四）の正月には、誰よりも早く頼朝への参賀を許されているうえ、頼朝が出かけるさいの随行《ずいこう》メンバーでは、北条時政《ときまさ》らと並び、多くは最上位のグループに名を連ねていた。

突然の出家

しかし、幕府内でそこまでの地位を与えられていた義兼であったが、建久六年（一一九五）三月、頼朝が東大寺《とうだいじ》の落慶供養《らっけいくよう》のために上洛したとき、これに随行し、そのまま東大寺で突然の出家をとげてしまったという（『尊卑分脈』）。ただ、実際には、その後の頼朝の天王寺参詣《てんのうじさんけい》の随行メンバーにも義兼の名前を確認することができるから、東大寺で出家したとは考えにくい。が、いずれにしてもこの天王寺参詣記事を最後に『吾妻鏡』から義兼の名前は消えるので、遠からぬ時期に義兼が出家をとげたことはたしかだろう。

では、彼はなぜ急に出家を思いたったのだろうか。当時、義兼はまだ四十二歳であり、嫡子《ちゃくし》義氏《よしうじ》はわずか七歳。出家を志すにはあまりに早すぎる。それまでの順風満帆な人生からすれば、あまりに彼の行動は唐突といわざるをえない。あるいは、これも足利一族の「異常な血統」がなせる異常行動なのだろうか。

この急な出家の動機については、ひとつには義兼が武将として百戦錬磨の豪放な面をもつ一方、来世に心を寄せる宗教心の篤いナイーブな人物でもあったということが影響しているように思われる。「鑁阿寺・樺崎縁起并仏事次第」によれば、義兼は伊豆山走湯権現密厳院《そうとうごんげんみつごんいん》の僧理真《りしん》の祈禱《きとう》により男子（のちの義氏）を授かったことで、理真に帰依《きえ》するようになり、文治五年（一一八九）の奥州藤原氏討伐では戦勝を祈願し、樺崎寺を建立し、理真を開山として招いたとされる。彼は鑁阿寺と樺崎寺をつくるときに、高野山を模して、鑁阿寺を壇所《だんしょ》（修行道場）とし、樺崎寺を奥の院（廟所）とすることを意図し、そのふたつの寺のあいだの道に三十七本の卒塔《そとう》婆《ば》＊を建てたといわれている（現在、ふたつの史跡を結ぶ道は整備され、卒都婆を形どった案内板が立てられている）。『吾妻鏡』のなかでも、義兼は、建久五年（一一九四）十一月に将軍家の繁栄を祈念して鶴岡八幡宮で盛大な供養儀式を主催するなど、かなり信仰心の篤い人物であったことは確かなようだ。

また、「鑁阿寺・樺崎縁起并仏事次第」に書かれた、義兼の人柄を語るエピソードとしては、次のようなものもある。建久四年（一一九三）、義兼は瑠璃王《るりおう》と薬寿《やくじゅ》という二人の息子を同時に失ったさい、ふたりの遺骨を樺崎寺の下御堂《しもみどう》（法界寺《ほうかいじ》）に埋葬し、わざわざ先祖伝来の犀皮鎧《さいかわよろい》を手放して、金色に彩色した三尺（約九十一センチ）の金剛界大日如来《こんごうかいだいにちにょらい》を作らせ、これに安置したのだという。武将が先祖伝来の

＊ **卒塔婆**　本来は仏舎利を安置するための建物。日本では木材を組み合わせて造ったが、のちに死者の供養のために墓石の後ろに立てる細い板をさすようになる。

鎧を手放すとは、よくよくのことだろう。原因は不明だが、ふたりの幼い息子を同時に失った義兼の悲しみが察せられる。

現在、発掘が進んでいる樺崎寺跡では、この下御堂（法界寺）の場所も確定されており、その建物跡には実際にふたつの骨壷と火葬骨も確認されている（ただし、ふたつの火葬骨はいずれも幼児のものではない）。また、平成二十年（二〇〇八）三月に、ニューヨークのオークションにかけられ、あわや重要美術品の海外流出かと話題になった運慶《うんけい》＊作の大日如来像は、この義兼がふたりの息子のために作らせて樺崎寺の下御堂に安置した大日如来像であることが明らかにされている。さいわい大日如来像は宗教法人真如苑《しんにょえん》により十二億円で落札され、海外流出の危機は回避された。平成二十一年（二〇〇九）には無事に国の重要文化財に指定され、現在は東京国立博物館に寄託され、ときおり一般公開もされている。泉下《せんか》の義兼もさぞかし安堵していることだろう。

運慶作　大日如来像
真如苑所蔵。

彼が突然の出家を思い立った背景として、おそらく、こ

＊ **運慶**　鎌倉時代の仏師（？～一二二三）。写実的で力強い作風を特徴とし、東大寺南大門金剛力士像や興福寺北円堂の無著・世親像の作者として知られる。

うした彼個人の宗教観は無視できないだろう。しかし、それ以外にも、彼の出家の場合には、また政治的に深刻な事情もあったようだ。さきほどから言及している『難太平記』のなかで、今川了俊は足利義兼について次のように語っている。

義兼は、頼朝公にとくに親しくなさっていたので、さらに世間を憚《はばか》って「空《そら》物狂《ものぐる》い」となって、狂人のふりをして一代のうちは無事にお過ごしになられた。そのため義兼は「わたしの子孫には、しばらく我が霊がとりついて正気を失うことがあるだろう」と預言なさったと伝えられている。

頼朝と相婿にまでなって幕府内で大きな地位を与えられた義兼は、頼朝にあまりに近づきすぎたことを危ぶみ、ある時期から狂人のふりをして過ごし、頼朝の敵意をそらした、というのだ。たしかに平氏を滅ぼした後、猜疑心《さいぎしん》の強い頼朝が義経をはじめつぎつぎと肉親を排除しはじめ、罪ともいえぬ罪をきせて彼らを葬っていったのは、誰もが知る有名な事実だろう。

事実、元暦元年（一一八四）頃から頼朝は、自分と同じ源氏一門*を御家人と同列に位置づけることを志向しはじめ、それに従わない甲斐源氏の武田《たけだし》氏、信濃《しなの》源氏の大内氏《おおうちし》に対して厳しい統制や粛清を行なっている。挙兵当初とは打って変わって、頼朝は源氏一門すらも御家人とひとしなみに扱い、それに反する者は容赦なく排除してゆこうとしていたのである。そんな頼朝の変貌を横目で見てゆくなかで、同じ源氏の血をひき、幕府内で大きな力をもつ義兼が「次は自分かもしれない……」と

＊源氏一門　清和天皇から出た清和源氏の一門には、信濃源氏・美濃源氏・尾張源氏・三河源氏・河内源氏・摂津源氏・大和源氏・多田源氏・甲斐源氏などがある。

いう不安を抱きはじめたというのは、十分にありうる話だろう。

義兼の突然の出家・隠棲については、異常行動というよりは、彼自身の信仰心とともに、その高すぎる家格が災いして幕府内で微妙な立場に置かれてしまったことを回避するための、高度な政治行動と考えるべきだろう。出家後の義兼は足利の樺崎寺でひっそりと息をひそめて暮らし、四年後の建久十年（一一九九）三月八日に死去することになる。皮肉にもそれは、彼の人生に類まれな栄光と不安を味わわせた義理の兄、源頼朝の死よりわずか二カ月後のことであった。

三　泰氏の「自由出家」事件

義氏のプライド

臨終にさいし、義兼が足利氏の行く末に大きな不安を抱いていたことは、樺崎寺の縁起や『難太平記』などに残された数々の逸話が語るところである。この義兼の不安を受け継いだのは、わずか十一歳の嫡子義氏《よしうじ》だった。出家に追い込まれるほど義兼を恐怖させた頼朝はすでに世を去っていたものの、三代目の義氏は、新たに頼朝にかわって幕府の実権を握った執権《しっけん》北条氏と対峙《たいじ》せねばならなかった。

義氏は、頑強な体躯《たいく》で知られた義兼に似て、やはりなかなか肉体的にも精神的にも強靭な人物であったらしい。北条義時《よしとき》と和田義盛《わだよしもり》が幕府の主導権をめぐって争った建暦《けんりゃく》三年（一二一三）五月の和田合戦《わだがっせん》のさいには、義氏は北条方につき、幕府の政庁を守護している。このとき和田方で勇猛で知られた朝比奈義秀《あさひなよしひで》は幕府の惣門《そうもん》を突破し、政庁内で大暴れをして、つぎつぎと名だたる北条方の御家人を打ち倒していった。その義秀に対し、足利義氏は政所前の橋で刃を交わしている。乱戦の最中、義秀に鎧《よろい》の袖をつかまれた義氏は、これを振り払おうと馬を駆って堀を飛び越える。このとき鎧の袖は真ん中から引きちぎられたが、両者とも馬から落ちず、馬も倒れず。これを見た人々は、みな「両者の武勇はたがいに優劣ないことは明らかだ」と感嘆したという。

また、それから三十五年後の宝治《ほうじ》二年（一二四八）閏《うるう》十二月には、義氏は六十歳であるにもかかわらず、強烈な自己主張をして周囲を唖然《あぜん》とさせている。ことの起こりは、義氏と御家人《ごけにん》結城朝光《ゆうきともみつ》*のあいだに交わされた一通の文書だった。義氏からもらった文書の返事として、朝光はまったく対等な返書を出してしまったのである。これに対し義氏は憤激し、幕府に次のような訴えを起こした。

「わしは頼朝公のご一族であるぞ。それに対し、朝光はあのときに頼朝公に仕えていただけではないか。おたがい子や孫の代になっているというのならともかく、あっという間に昔のことを忘れ、奇怪なことを言い出すとは。なんとし

＊ **結城朝光**　鎌倉前期の武士（一一六八〜一二五四）。もと小山氏。志田義広の乱での戦功で下総国結城郡を与えられ、結城氏の祖となる。母が頼朝の乳母であったことから信頼を得、北条氏とも協調関係をもった。

ても懲しめてやらねばなるまい！」

一方の朝光もじつは当時八十一歳という高齢であったが、これを聞いて対抗意識を露わにした。彼は頼朝お墨付《すみつ》きの家伝の文書を幕府に提出し、かつて足利家と結城家は同等であったことを実証してみせたのである。さすがに当時の執権である北条時頼《ときより》*も朝光の主張に軍配をあげ、義氏の主張は斥《しりぞ》けられてしまうことになる。ともあれ、ここでも義氏は高齢にもかかわらず「右大将家御氏族《うだいしょうけごしぞく》」という強烈なプライドをもち続け、北条時頼すら困らせる頑固おやじだったことがわかる。

栄光の日々

『吾妻鏡』に書かれた、このような逸話に触れるかぎり、足利義氏は家柄といい胆力といい、幕府内では一目も二目も置かれる存在であり、みずからも、それにかなりの自負をもっていたようだ。ただし、そうした彼の幕府内での地位も、北条氏との良好な関係があったからこそであった。そもそも彼の母は頼朝の斡旋《あっせん》で足利家に嫁した北条時子《ときこ》であり、彼と北条政子は甥《おい》と伯母の関係にあった。それもあって彼は、執権政治の確立のために多大な尽力をしたのだった。

元久《げんきゅう》二年（一二〇五）に北条時政《ときまさ》は政敵畠山重忠《はたけやましげただ》を滅ぼすが、当時まだ十七歳の義氏はこの討伐軍に加わっていることが確認できるし、建暦三年（一二一三）の和田合戦での活躍は、さきに紹介したとおりである。さらには、こうした功績が買われて、建保《けんぽう》三年（一二一五）頃には北条泰時《やすとき》の娘を妻に迎える。これにより、足利氏は義兼・義氏と二代にわたり北条氏の娘を妻に迎えたことになる。また、建保

＊**北条時頼**　鎌倉幕府第五代執権（一二二七〜六三）。北条氏第六代得宗。宝治合戦で三浦氏を滅ぼし、摂家将軍を廃して親王将軍を迎えるなど、得宗の権力確立に努めた。出家後、諸国を遍歴し民情視察をしたとの伝説もある。

五年（一二一七）に武蔵守《むさしのかみ》、貞応《じょうおう》元年（一二二二）には陸奥守《むつのかみ》になるなど、官途《かんと》*のうえでも、義氏は北条氏の執権・連署《れんしょ》に匹敵する地位を与えられている。
承久《じょうきゅう》三年（一二二一）、鎌倉幕府と朝廷が雌雄《しゆう》を決した承久の乱においても、義氏は北条時房《ときふさ》・泰時らとともに東海道大将軍として十万騎を率いて京上している。戦闘の過程では、宇治川で庶兄義助《よしすけ》や配下の高惟重《こうのこれしげ》が討ち死にするなど手痛い打撃もうけるが、最終的には京都を制圧し、幕府の威令を西国に轟《とどろ》かせるのに大いに貢献する。

その後は、四十代の寛喜《かんぎ》三年（一二三一）頃には左馬頭《さまのかみ》に任ぜられ、五十代の仁《にん》治《じ》二～三年（一二四一～四二）には政所《まんどころ》の評定《ひょうじょう》にも顔を出すなどし、位階《いかい》も執権・連署クラスの正四位下にまで昇進している。やがて大内氏・平賀《ひらが》氏といった足利氏よりも家格の高かった家が没落してゆくなかで、自然、義氏の幕府内での御意見番としての地位も揺るぎないものになっていった。

宝治《ほうじ》元年（一二四七）の宝治合戦で三浦氏が滅びると、義氏は恩賞として上総権《かずさごんの》介秀胤《すけひでたね》の遺領を手に入れ、これにより足利氏は上総・三河二カ国の守護職*を有し、幕府内でも北条氏に次ぐ地位を手に入れることになる。さらに、この頃、嫡子泰氏の妻に泰時の孫娘を迎えるなどして、北条氏との結合はさらに強固なものとなっていった。ただし、その一方で、これまでの足利の当主が義兼・義氏というように清《せい》和源氏《わげんじ》にとって象徴的な「義」の字を通字*としていたのに対して、彼の子泰氏の代

---

* **官途**　左大臣や武蔵守など、朝廷内での官職。これに対し、正五位上や従四位下などを、位階とよぶ。この二つを総称して官位という。

* **上総・三河守護**　確実な史料でみるかぎり、足利氏は暦仁元年（一二三八）以前には三河守護、正嘉三年（一二五九）以前には上総守護に任じられていることがわかる。なお、足利荘のある下野国は小山氏が代々守護を務めていた。

* **通字**　義満以降の室町将軍の実名に「義」の字が継承されるように、先祖代々、実名のなかに継承される一文字のこと。これに対し、尊氏が後醍醐から「尊」の字を下賜されたように、主君から恵与される一文字を「片諱《へんき》」という。

（ご注意）
・この用紙は、機械で処理しますので、金額を記入する際は、枠内にはっきりと記入してください。
また、本票を汚したり、折り曲げたりしないでください。
・この用紙は、ゆうちょ銀行又は郵便局の払込機能付きＡＴＭでもご利用いただけます。
・この払込書を、ゆうちょ銀行又は郵便局の渉外員にお預けになるときは、引換えに預り証を必ずお受け取りください。
・ご依頼人様からご提出いただきました払込書に記載されたおところ、おなまえ等は、加入者様に通知されます。
・この受領証は、払込みの証拠となるものですから大切に保管してください。

収入印紙
３万円以上
貼付
印

本の豊かな世界と知の広がりを伝える
吉川弘文館のPR誌

本郷

定期購読のおすすめ

◆『本郷』（年6冊刊行）は、定期購読を申し込んで頂いた方にのみ、直接郵送でお届けしております。この機会にぜひ定期のご購読をお願い申し上げます。ご希望の方は、**何号から購読開始の号数**を明記のうえ、添付の振替用紙でお申し込み下さい。
◆お知り合い・ご友人にも本誌のご購読をおすすめ頂ければ幸いです。ご連絡を頂き次第、見本誌をお送り致します。

●購読料●
（送料共・税込）

1年（6冊分） 1,000円	2年（12冊分） 2,000円
3年（18冊分） 2,800円	4年（24冊分） 3,600円

ご送金は4年分までとさせて頂きます。

見本誌送呈
見本誌を無料でお送り致します。ご希望の方は、はがきで営業部宛ご請求下さい。

吉川弘文館
〒113-0033 東京都文京区本郷7-2-8／電話03-3813-9151
吉川弘文館のホームページ http://www.yoshikawa-k.co.jp/

…ご注文ができます。
…通信欄にご注文の書籍をご記入の上、書籍代金（本体価格＋消費税５％）に荷造送料を加えた金額をお払込み下さい。
◆荷造送料は、ご注文１回の配送につき380円です。
◆入金確認まで約７日かかります。ご諒承下さい。

振替払込料は弊社が負担いたしますから無料です。
※領収証は改めてお送りいたしませんので、予めご諒承下さい。

お問い合わせ　〒113-0033・東京都文京区本郷７−２−８
吉川弘文館　営業部
電話03-3813-9151　FAX03-3812-3544

この場所には、何も記載しないでください。

キリトリ線

02

払込取扱票

東京

通常払込料金加入者負担

口座記号番号	金額	千	百	十	万	千	百	十	円
00100＝5＝244	※								

料金 / 備考

加入者名　株式会社　吉川弘文館

ご依頼人
- フリガナ
- ※お名前
- 郵便番号　　電話
- ※ご住所

通信欄 ※

◆「本郷」購読を希望します

購読開始　　号より

1年 1000円（6冊）　3年 2800円（18冊）
2年 2000円（12冊）　4年 3600円（24冊）

（ご希望の購読期間に○印をお付け下さい）

日附印

各票の※印欄は、ご依頼人において記載してください。

裏面の注意事項をお読みください。（ゆうちょ銀行）（承認番号東第53889号）

これより下部には何も記入しないでください。

切り取らないでお出しください。

記載事項を訂正した場合は、その個所に訂正印を押してください。

振替払込請求書兼受領証

口座記号番号　00100＝5　244　通常払込料金加入者負担

加入者名　株式会社　吉川弘文館

金額　千 百 十 万 千 百 十 円　※

ご依頼人　おなまえ ※　　　様

料金

日附印

備考

この受領証は、大切に保管してください。

から、その名前のなかから「義」の字が消え、そのかわりに執権北条氏の泰時の「泰」や時頼の「頼」の字をもらいうけるようになるという変化は見逃せない。このことは、足利氏が幕府内で高い家格を与えられる一方で、確実に北条氏を首班とする権力機構に取りこまれてゆき、彼らの風下に立たされてゆくことを意味する。

しかし、振り返ってみて、ここまでの義氏の人生は、北条氏に対しては、それなりに気も使っていたであろうが、おおむね順調な人生だった。鎌倉時代の足利氏の歴史を概観してみても、この義氏の時代が最盛期であったろう。この時期の義氏と執権北条時頼の親密な関係は、吉田兼好《よしだけんこう》の『徒然草《つれづれぐさ》』第二百十六段にも描かれている。それによれば、時頼は鶴岡八幡宮《つるがおかはちまんぐう》への参詣の帰りに、義氏の亭宅を不意に訪れているが、このとき義氏はありあわせの肴《さかな》を用意して夫婦で時頼をもてなし、時頼から「足利の染物」をねだられれば、三十疋《びき》の染物を用意し、時頼の見ているまえで女房たちに小袖《こそで》に仕立てさせて献上したという。この義氏と時頼のざっくばらんな間柄は、傍目《はため》にも好ましく見えたらしく、以後も人々のあいだで長く語り継がれたという。二重三重に固く結ばれた北条氏との絆は、義氏に強い自負心を与えることになり、もはや晩年の彼に後顧《こうこ》の憂いは何もないかのようにみえた。

泰氏の「自由出家」

ところが、建長《けんちょう》三年（一二五一）、そんな絶頂期の義氏を失意に陥《おとしい》れる一大スキャンダルが発覚する。嫡子泰氏《やすうじ》の「自由出家《じゆうしゅっけ》」事件である。

このとき所領の下総国《しもうさのくに》埴生荘《はぶのしょう》（現在の千葉県成田市付近）に滞在していた義氏の嫡

子泰氏は、何を思ったのか、突然三十六歳の若さで頭を丸め、出家を遂げてしまったのである。当時、幕府の許可を得ないで勝手に出家をすることは「自由出家」とよばれ、重大な背信行為とみなされた。当然ながら、幕府はこれを許さず、罰として埴生荘は没収されてしまう。ことの重大さに気づいたのか、このとき泰氏は「わたしは相州（北条時頼）の親戚です。そのうえ、父左馬頭入道《さまのかみにゅうどう》（義氏）は幕府の重鎮です」と哀訴嘆願しているが、けっきょくそれが受け入れられることはなかった。そして以後、泰氏が中央政界に復帰することはなく、彼は本領足利荘で長い余生を暮らすことを強いられることになる。

　この事件により、義氏の栄光に満ちた人生は、最終局面に入って大きく狂いはじめる。子息の罪が直接に義氏本人におよぶということは、さすがになかったが、もはや泰氏を当主とすることはできない以上、足利家では泰氏の子息が当主に立てられることになった。ただ、泰氏には長男と

足利義氏像
足利市・鑁阿寺所蔵。

して家氏《いえうじ》という男子があり、それまでは彼が足利氏で後継者を意味する「三郎」という仮名《けみょう》を名乗っていた。ところが、「自由出家」事件のあった翌年の建長四年（一二五二）頃に彼の仮名は「三郎」から「太郎」に変えられており、廃嫡させられてしまったことがうかがえる。かわりに後継者として擁立されたのが、その弟の頼氏《よりうじ》（初名は利氏《としうじ》）であった（家氏は室町幕府管領《かんれい》の斯波《しば》家の祖となる）。

家氏は名越朝時《なごえともとき》の娘を母としているのに対して、頼氏は北条時頼の妹を母としていた。「自由出家」事件により一転して危機的状況に陥った足利家を救うためには、北条氏に対してできるかぎり恭順《きょうじゅん》の姿勢を示し、少しでも得宗《とくそう》家（北条氏嫡流家）に近しい血縁者を当主とする必要があったのだろう。それまで後継者として遇してきた家氏を廃して、弟の頼氏を家督に据えるというのは、おそらく義氏にとっては苦渋の選択であったにちがいない。しかし、この後、義氏に残されている時間はあまりに少なかった。事件からわずか三年後の建長六年（一二五五）、足利氏の全盛期を築いた義氏は、六十六歳で、父義兼と同じく足利家の行く末に大きな不安を抱きながら、世を去ることになる。

なお、足利市巴町の法玄寺《ほうげんじ》は義氏の母である北条時子の菩提寺とされているが、そこには時子の死にからんで次のような奇怪な伝承が残されている。

北条時政の娘で、義兼の正室となった時子は、あるとき急にお腹がふくれだし、妊婦のような体型になってしまった。義兼の側室のひとりは、それを時子が不

足利義氏の墓
法楽寺内。

義を働いたためだとして、義兼に告げ口し、そのために義兼は時子の不貞を疑うようになってしまう。そこで、身に覚えのない嫌疑を晴らすため、ついに時子は「死後、私の胎内を改めよ」と遺言して自害を遂げる。死後、時子の胎内を調べたところ、腹中にヒルが充満しており、腹部の膨張は妊娠によるものではなく、山中で呑んだ水が原因でヒルが体内で増殖したものであるということがわかった。悔やんだ義兼は時子の菩提を弔うため、足利に法玄寺を建立したという。

現在、法玄寺には時子の墓と伝えられる五輪塔が残されている（ただし、墓石は昭和初期に掘りだされたもので、時子の墓である確証はない）。また、鑁阿寺には、この伝説に基づく蛭子堂《ひるこどう》とよばれる堂舎も存在している。この話自体を史実と認めるわけにはいかないが、あるいは、こうした伝承がつくられる背景には、当初円満だった足利氏と北条氏との関係が義氏晩年から微妙な緊張をはらむものに変わっていったという事情が反映されているのかもしれない。

建長の政変の余波

それにしても、御家人であり、思慮分別もある年齢でありながら、あと先を考えずに衝動的に出家をしてしまったのだとすれば、「自由出家」事件での足利泰氏の行動は明らかに異常である。この事実経過だけをみれば、これもまた足利家の「異常な血統」を思わせる出来事といえるかもしれない。しかし、近年の研究では、この泰氏の「自由出家」事件についても、背後に別の事情があったことが明らかになってきている。

『吾妻鏡』によれば、泰氏が「自由出家」を犯した三日後の十二月五日、鎌倉の市中が騒然となり、軽武装した人々が北条時頼の屋形に駆け集まるという事件がおきている。けっきょく、このときは何事も起きなかったのだが、この二日後の十二月七日、泰氏はみずから幕府に「自由出家」の罪を届け出ている。そして同二十二日には、またも市中で「謀反《むほん》」の噂が飛び交い、将軍亭と時頼亭に厳重警戒態勢がひかれた。そして同二十六日には「謀反の輩」として、ついに三浦一族の残党の了行法師《りょうぎょうほっし》らが捕縛されることになる。この一連の出来事が、建長《けんちょう》の政変とよばれる事件である。

この事件の詳細は不明な点が多いが、事件直後の翌年三月には摂家将軍*藤原頼嗣《ふじわらのよりつぐ》が時頼の手で鎌倉を追われ、かわりに宗尊親王《むねたかしんのう》が新たな将軍として関東に下向している。また、『保暦間記《ほうりゃくかんき》』などの史料のなかには、将軍藤原頼嗣の父頼経《よりつね》や祖父九条道家《くじょうみちいえ》に謀叛計画があったことが書きしるされている。こうした断片的な事実から、この建長の政変の真相は、藤原頼経・頼嗣父子と宝治合戦《ほうじがっせん》で滅んだ三浦一族の残党が北条氏を排除するために仕組んだ、大規模なクーデター未遂事件であったと考えられている。

だとすれば、その発覚直前に「自由出家」を遂げた泰氏の行動も、たんなる精神異常とばかりはいえなくなるだろう。おそらく泰氏は、当初からこのクーデター計

＊ 摂家将軍　源氏将軍が三代で絶えた後、摂関家の九条道家の子、頼経が京都から迎えられ四代将軍となった。頼経と、その子頼嗣の二代を、摂家将軍とよぶ。その後は、宗尊親王が将軍に迎えられ、親王将軍となる。

画になんらかのかたちで参画しており、それが事前に漏れてしまったことで進退きわまり、先手を打って出家を遂げ、謀叛人グループからいちはやく離脱してしまったのではないだろうか。ただし、泰氏にとって誤算だったのは、謀叛人グループとは早々に手を切ったものの、時頼が下した自由出家の罪が思いのほか重く、絶頂期にあった足利氏の勢いがこれにより大きく削がれることになってしまったことだろう。処罰内容を知ったときの「わたしは相州（北条時頼）の親戚です。そのうえ、父左馬頭入道（義氏）は幕府の重鎮です」という泰氏の言葉が、彼の狼狽《ろうばい》ぶりをよく表わしている。

　この事件を境にして、足利氏の栄光にもブレーキがかけられることになる。依然として幕府内では高い家格を与えられていたものの、義兼・義氏・泰氏と三代にわたって北条得宗家より妻室を迎えてきた足利氏の伝統はここで途絶え、泰氏の子・頼氏の妻室は北条氏の支族である佐介《さすけ》氏*から迎えられることになる（「桓武平氏諸流系図」）。この頼氏については、家督継承後、数年間は幕府での活動が細々と『吾妻鏡』に記載されている。しかし、義氏がその成長を頼みとした、その孫は、生来病弱であったのだろうか。弘長《こうちょう》元年（一二六一）七月には鶴岡八幡宮放生会《ほうじょうえ》への将軍社参の供奉《ぐぶ》を病気を理由に辞退している。そして、その記述を最後にして、彼の名前は『吾妻鏡』から消える。菩提寺《ぼだいじ》である吉祥寺《きっしょうじ》の位牌《いはい》の記載によれば、頼氏は翌弘長二年に死去したらしい。享年は『尊卑分脈《そんぴぶんみゃく》』にしたがえば、まだ二十三歳で

＊ **佐介氏**　北条時房《ときふさ》の長男、時盛を祖とする北条氏の支族。同じ時房流のなかでは大仏《おさらぎ》家に圧されがちで、幕府内の要職にはあまり就いていない。

あったという。

そして頼氏の後を継いだのは、その子家時《いえとき》であった。家時の生まれ年は、比較的信憑性の高い「滝山寺縁起《たきさんじえんぎ》」によれば文応《ぶんおう》元年（一二六〇）となる。しかし、そうなると家時は父頼氏死去の弘長二年（一二六二）の時点では、わずか三歳ということになってしまう。足利歴代のうち頼氏・家時・貞氏《さだうじ》については、その生まれ年に諸説があり、それぞれが矛盾しているため、いまだ不明確な点が残る。しかし、いずれにしても「自由出家」事件以後の足利家は不運に見舞われ続け、若年の当主が続く異常事態を迎えていたことはたしかなようだ。

足利に花ひらく浄土庭園文化

泰氏は建長三年（一二五一）の「自由出家」事件を最後に『吾妻鏡』からその名を消し、政治の表舞台に復帰することもなくなる。しかし、彼が足利荘に隠棲したことで、皮肉なことに地元の足利では、泰氏をめぐる遺跡や伝承が色濃く残されることとなった。ここで少し話はそれるが、足利に残された泰氏の「遺産」を紹介しよう。

泰氏は父義氏や嫡子頼氏よりも生きながらえ、文永《ぶんえい》七年（一二七〇）五月十日に五十五歳で没するので、約二十年間にわたる長い余生を足利荘で過ごしたことになる。出家後の泰氏は「平石殿《ひらいしどの》」ともよばれていることから、足利荘西部の平石郷（現在の山下町）に居館を構え、主に荘内西部を中心に活動していたようだ。そのため、この地域には他の足利氏の当主には例がないほど、泰氏をめぐる史跡や伝承が多く

足利頼氏の墓
足利市吉祥寺内。

残されている。

弘長三年（一二六三）には、泰氏は小俣《おまた》の古刹《こさつ》、鶏足寺《けいそくじ》に亡父義氏追善《ついぜん》のための梵鐘《ぼんしょう》を寄進しており、その梵鐘はいまでも同寺に伝えられている（非公開）。また、山岳寺院である大岩山最勝寺《おおいわさんさいしょうじ》には、泰氏が百カ日の参詣を行い、祈願成就の後、その地に叶権現《かのうごんげん》を建立したという逸話も伝えられている。事実、大岩山の尾根（行基平《ぎょうきひら》）には、高さ約百二十センチの石造層塔が残されており、「建長八年〈丙辰《ひのえたつ》〉四月日／孝子敬白《こうしけいびゃく》」の文字が陰刻《いんこく》されている。建長八年（一二五六）は、この地域に泰氏が隠棲していた時期と重なることから、「孝子」（親孝行の息子）とは泰氏のことで、これも建長六年に没した父義氏の供養のために彼によって建立されたものと考えられている。

大岩山最勝寺の石造層塔
足利市大岩町・栃木県教育委員会。

また、泰氏は子女に恵まれ、確認できるかぎりでも十二男三女をもつ子福《こぶく》者《しゃ》であった。のちに尊氏を支えることとなる一族の斯波氏・渋川《しぶかわ》氏・石塔《いしどう》氏・一色《いっしき》氏・上野《うえの》氏・加子《かこ》氏なども、みな泰氏の子息を祖とする家々である。これらの子息のうち、十男小俣法印賢宝《ほういんけんぽう》は鶏足寺の別当《べっとう》となり、その子孫は鶏足寺のある小俣（現在の小俣町）に拠点を構え、代々別当職を相伝して、小俣氏を名乗った。また、次男の義顕《よしあき》は足利荘内板倉《いたくら》（現在の板倉町）に住み、板倉二郎とも称され、この子孫がのちに渋川氏となるなど、荘内西部地域につぎつぎと一族勢力が扶植《ふしょく》されていたことが確認できる。泰氏の失脚は、中央政治での発言力という観点からすれば、足利氏にとって大きな挫折であったが、逆に足利氏の荘内支配や一族結合をそれなりに前進させるという効果をもたらしたようである。

とくに注目されるのは、泰氏によって平石郷に建立された智光寺《ちこうじ》（現在の山下町）の存在である。この智光寺は、現在は平石八幡宮《ひらいしはちまんぐう》が残されているだけで、往時の面影はうかがえないが、昭和三十九～四十年（一九六四～六五）に発掘調査が行われ、浄土庭園をもつ本格的な中世寺院であることが明らかにされている。ここで出土した瓦には「智光寺」「文永二年三月日」の銘文《めいぶん》もあることから、智光寺は文永二年（一二六五）に泰氏によって建立されたものと考えられている。泰氏は死後「智光寺殿」ともよばれていることから、この寺は、付近に住んでいた泰氏が生前から菩提寺として建立したものだったのだろう。

智光寺跡（平石八幡神社）
足利市山下町。

智光寺は、堂山《どうやま》とよばれる山を背にして三方を山で囲まれた谷戸《やと》の奥に立地している。その東西約百八十メートル、南北約三百メートルの寺域に、かつては園池《えんち》と中島を前面に配して阿弥陀堂《あみだどう》やさまざまな堂塔が建ち並んでいたことが、発掘により明らかにされている。周辺からは天目茶碗《てんもくぢゃわん》や古瀬戸焼《こせとやき》、常滑焼《とこなめやき》も出土しており、隠棲中とはいえ、泰氏周辺の文化環境がかなり豊かなものであったことを想像させる。

足利荘の荘域には、この智光寺や、さきに紹介した樺崎寺以外にも、浄土庭園を備えていたと思われる寺院が複数存在している。市内本城三丁目にある法楽寺《ほうらくじ》（曹洞宗）は「法楽寺殿」とよばれた義氏の菩提寺であり、本堂南側には義氏の墓と伝わる五輪塔《ごりんとう》も残されている。この法楽寺にもかつては門前に「阿弥陀ヶ池」よばれる池があったとされ、かつての寺の本尊はこの池から出現した阿弥陀如来であったとも伝えられている。

また、江川町の吉祥寺（天台宗）は、死後「吉祥寺殿」ともよばれた頼氏（利氏）の菩提寺であり、この寺にも観音堂の西南奥に頼氏の墓が伝えられている（現在の墓石は近年新造されたものである）。この寺の門前北側にはいまも大きな池があるが、古くは参道をはさんで反対側にも同様の池があったとされる。

詳しくは発掘調査など研究の進展を待たねばならないが、これらの寺々も一様に浄土庭園をもっていたとすれば、鎌倉時代の足利氏は義兼（樺崎寺）・義氏（法楽寺）・

泰氏〈智光寺〉・頼氏〈吉祥寺〉と、四代にわたって各当主の菩提寺が浄土庭園をもっていたということになる。東国武士の本拠地に浄土庭園をもつ寺院がつくられた例は、近年では武蔵国畠山氏をはじめいくつかの事例が確認されているが、いまだ足利氏のように各当主の菩提寺ごとに浄土庭園があったような事例は他に確認されていない。やはり、依然として足利氏の文化水準の高さは、鎌倉武士のなかでは群を抜くものであったことの証しといえるだろう。失意のなかで泰氏の情熱*は、足利荘の文化振興へと向けられたのだろうか。

四　祖父家時の切腹

謎の切腹　頼氏《よりうじ》の早逝の後、足利氏の家督は、尊氏の祖父にあたる家時《いえとき》が継承した。『難太平記』によれば、この家時は謎の切腹を遂げ、みずから命を絶ったとされており、事実とすれば、おそらく歴代足利氏のなかでは最も不可解な死に方をした人物といえるだろう。以下、問題の『難太平記』の記述を見てみよう。

足利家には家祖、源《みなもとの》義家《よしいえ》が残した置文が伝えられており、そこには「七代目の孫にわたしは生まれ変わり天下を取る」という不思議な預言が記されていた。家

＊泰氏の情熱　現在、鑁阿寺で節分に鎧武者が豆まきをする「鎧年越し」は、泰氏が武者五百騎を門前に集め閲兵したことが始まりとされている。

時はちょうどその七代目にあたっていたが、その頃、北条氏の天下は安泰で、まだとてもその機は熟していなかった。そこで家時は八幡大菩　に「わたしの命を縮めて、そのかわりに三代のうちに天下を取らせてください」と祈念し、切腹して果てたという。『難太平記』を書いた今川了俊《いまがわりょうしゅん》によれば、そのときの家時の自筆の置文は了俊の生きた時代まで足利家に伝えられており、尊氏・直義《ただよし》兄弟のまえで了俊と、了俊の父、今川範国も実見したという。そして、そのとき尊氏・直義は「いま我々が天下を取っているのは、ただこの家時公の御発願によるものだったのだ」と語ったとされる。

足利家時木像模写
『新編相模風土記』所収。報国寺旧蔵。

なんとも出来すぎた話ではあるが、この家時の置文は、たしかに了俊の言うとおり、尊氏の生きた時代まで現存していたらしい。「醍《だい》醐《ご》寺文書《じもんじょ》」として伝来した文書のなかに、足利直義自筆の書状が確認されており、その文中に家時が臨終に際して書き遺した「御書《ごしょ》」に関する記述が出てくるのである。それによれば、足利家の家宰《かさい》、高《こう》氏の家に伝えられた家時の「御書」を直義は「拝見」して「感激胆《きも》に銘《めい》ずる」ほど心を動かし、それをそのまま高師秋《こうのもろあき》*から譲り受けたというのだ。残念ながら、これだけでは「御書」に何が書かれていたかは詳らかではないが、その内容は孫の直義を深く感動させるようなものであったことは間違いないようだ。しかし、もし『難太平記』に描かれた家時切腹の逸話が史実だったとしても、先祖の残した置文の預言を叶えることができないことを悔やんで自殺してしまうとは、いくら迷信深い中世人だとしても、あまりにナイーブすぎはしないか。これが事実だとすれば、家時切腹の背景にも、やはり例の「異常な血統」が影を落としているのだろうか。

じつは、この件についても、近年の研究ではまた別の事情があった可能性が提示されている。以下では、家時の生涯をたどりながら、彼が切腹にいたるまでの経緯を見てゆくことにしよう。

得宗専制下の足利氏

これまで義氏《よしうじ》・泰氏《やすうじ》・頼氏と、足利歴代当主の母はみな北条氏であった。ところが、家時の母にかぎっては上杉重房《うえすぎしげふさ》*の娘であった。系図『尊卑分脈《そんぴぶんみゃく》』は、この母のことを「家女房」と記しているから、家時の母は足利家に仕える侍女《じじょ》の身分であったのだろう。おそらく頼氏が早逝《そうせい》してしまったために、彼と正室（佐介時盛《ときもり》娘）との間に子息がおらず、やむなく庶子《しょし》の家時が家督に据えられたのだろう。その点で、家時は人生の出発点からして、他の当主たちとは異なったものがあったといえる。

鎌倉幕府での家時の活動は、文永三年（一二六六）あたりから確認できる。官位

＊高師秋　南北朝期の武将（生没年不詳）。高一族のなかでは珍しく直義派に属した。

＊上杉重房　鎌倉中期の武将（生没年不詳）。もと公家の勧修寺氏であったが、宗尊親王に従い鎌倉に下り、御家人となる。丹波上杉荘を与えられ、上杉氏を称す。足利氏の姻族となることで勢力を得た。鎌倉明月院の木像は鎌倉彫刻の名品。

は建治《けんじ》二年（一二七六）八月までには従五位下式部丞になり、弘安五年（一二八二）十一月には伊予守となっている。ただ、この時期には『吾妻鏡』の記事がなくなってしまっているので、詳しい活動を追うことは困難であるが、いくつかの古文書により彼が所領をめぐる紛争に頭を痛めていたことがわかる（金剛三昧院文書）。

美作国大原保《みまさかのくにおおはらのほ》（現在の岡山県大原町付近）は、そもそも足利義氏が高野山金剛三昧院《こうやさんこんごうざんまいいん》に寄進した荘園であったが、幕府が延応二年（一二四〇）、所領の寄進を禁止する法令を出したため、ふたたび足利氏の手元に戻ってきたという経緯があった。これに対し、文永十年（一二七三）高野山の法禅《ほうぜん》という者が、足利家を相手取って、幕府に寄進地の返還を求める訴えを起こしたのである。このときの足利家の当主が家時で、彼は年紀法《ねんきほう》*（時効規定）を論拠にして抗弁したが、法禅は「いちど寺社に寄進した土地は再び人手に戻ることはない」という仏陀法《ぶつだほう》*を掲げて主張を押し通した。結果、建治二年（一二七六）幕府の裁許は高野山の法禅を勝訴とするものであった。判決に不服であった家時は、幕府に越訴《おっそ》（再審請求）をするが、弘安二年（一二七九）これにも敗れてしまう。

モンゴル襲来の緊張下で、当時の幕府は寺社勢力の祈禱や呪力に大きな期待を寄せていた。現代の私たちからすれば他愛《たわい》もない迷信にみえるかもしれないが、当時の鎌倉幕府は、そのために寺社に対する積極的な保護政策をとり、寺社の側もそうした幕府の保護を期待して、失地回復に乗り出すことがしばしばみられた。この足

＊**年紀法**　所領や所職などを不法なかたちであっても一定期間占有すれば、それに対する支配権が認められるとする法理。「御成敗式目」第八条では、不動産について二十年の年紀法が規定されている。

＊**仏陀法**　一旦、寺院に寄進された所領や所職は、どんなことがあっても俗人のもとには戻らないという法理。しばしば「仏陀施入の地、悔い返すべからず」という慣用句で表現された。

利家と高野山の裁判も、そうした時代風潮のなかで展開されたといえるだろう。足利家については、モンゴルとの戦闘に直接動員された形跡は認められないものの、未曾有の対外戦争の緊張と、それへの対応としての幕府の専制化の流れに決して無関係ではいられなかったのである。

この頃の幕府は、北条時宗《ときむね》*を首班としてモンゴルとの対外戦争に対応すべく専制化の歩みを進めていた。そうしたなかで足利家は、家格については依然として高い地位を保障されていたものの、北条得宗家を中心とする特権的支配層からは完全に排除されてしまっており、幕政への影響力はほとんどもちえない状態だった。宗教勢力が幅を利かせていた時勢であるとはいえ、幕府の裁判においても高野山の一僧侶に訴えをおこされ、敗北してしまうという事態が、足利氏の幕府内での位置を象徴しているといえるだろう。

ただ、その一方で家時の生活は、他の歴代当主以上に鎌倉に傾斜していったらしい。これまでの当主たちも、その生活は鎌倉を拠点としており、原則的に本領である足利荘にはほとんど足を踏み入れることはなかったようだ。しかし、そんな彼らでも菩提寺はいずれも足利荘に構えており、死後は名字《みようじ》の地である足利荘に眠ることを望んでいたようだ。ところが、家時と、その子貞氏の代になると、彼らの菩提寺は足利荘内に構えられることはなくなる。家時の菩提寺は鎌倉で〝竹の寺〟として名高い報国寺《ほうこくじ》であり、貞氏の菩提寺も鎌倉の浄妙寺《じようみようじ》であった。また、それら

＊　北条時宗　鎌倉幕府第八代執権（一二五一～八四）。北条氏第七代得宗。文永・弘安の役でモンゴル軍を退け、得宗への権力集中を進めた。宋から無学祖元を招き、円覚寺を建立した。

の寺々では、足利荘の菩提寺に見られたような密教思想を基礎とする独特の浄土庭園が営まれることはなく、宗派は北条氏好みの禅宗*となっていた。家時の代に足利氏は、土着性という点でも、文化性という点でも、それ以前の当主たちとは一線を画する変貌を遂げたといえるだろう。

北条得宗《とくそう》家の権力が拡大するなかで幕府内での発言力を低下させていった足利家ではあるが、皮肉なことに、それに反比例して彼らの生活は鎌倉の都市生活への依存度を強めていったのである。彼らは幕府内での現在の地位を維持するためにも、これまで以上に鎌倉に根を張ってゆく必要に迫られていたようだ。しかし、それは反面で、今まで以上に足利氏が幕府内部の醜悪な権力闘争に巻き込まれる可能性をはらむ、危険な道でもあった。

佐介事件　じつは、つい近年まで家時については、その没年すら明確ではなかった。しかし、現在では「滝山寺縁起」の記述などにより、家時は弘安七年（一二八四）六月二十五日に二十五歳で没したことが確実視されるようになっている。この年の四月四日、モンゴル襲来の脅威のまえに幕府への権力集中に邁進した執権《しっけん》、北条時宗が死去している。このふたつの出来事があまりに近接していることを考えれば、不気味な「御書」を残して自害したと伝えられる家時の死も、時宗の死によって生じた幕府内部の権力闘争との関係をまずは疑うべきだろう。

巨大な権力を手にした人物が死去した直後、その政治空白を突いて反対派が巻き

＊**北条氏と禅宗**　北条時頼が蘭溪道隆《らんけいどうりゅう》を招き建長寺を開き、北条時宗が無学祖元《むがくそげん》を招き円覚寺を開いたように、歴代北条氏は臨済《りんざい》禅に深く帰依した。

返しを企てたり、また逆に体制派が機先を制して反対派への大粛清を行うというのは、鎌倉幕府の歴史のなかでは幾度となくみられた光景であった。このときも時宗の死から二カ月を経た六月には、京都の六波羅探題《ろくはらたんだい》で南方《みなみかた》長官を務めていた北条氏一門の佐介時国《さすけときくに》が「悪行《あくぎょう》」を理由に鎌倉へ召喚され、十月に常陸《ひたち》で誅殺されている（『鎌倉年代記』建治元年条）。また、時国の叔父、時光《ときみつ》も八月頃、謀叛の疑いで捕縛され、種々の拷問が加えられたうえ、佐渡《さど》に流罪にされている（『鎌倉年代記裏書』）。例によって詳細は不明だが、時宗の死去にともない、このときも得宗グループと佐介氏との水面下での権力闘争が展開していたらしい。時宗の嫡子貞時《さだとき》が、時宗死去から三カ月が経過した七月にいたって、ようやく執権に就任している事実も、この間に何らかの複雑な事情があったことを推測させる。

　家時は、まさにこの佐介氏に対する大弾圧が吹き荒れていた渦中の六月に死去していたのである。しかも、家時の父、頼氏の正室が佐介時盛の娘であったこと（『桓武平氏諸流系図』）からすれば、家時と佐介氏との間に何らかの接点があったことも推測できる。そして、家時の享年が二十五歳という若年であったことと、『難太平記』の切腹の記述、そして臨終時の遺書をみた直義が強い感慨を覚えたことなどを併せて考えれば、彼の死は自然死だったのではなく、佐介事件に関与しての自害であった可能性は十分にあるだろう。

　とくに運悪く、この頃、鎌倉幕府内において源氏の血をひくということが、非常

足利家時の墓
鎌倉市報国寺のやぐら。

にデリケートな問題となっていた。七代目の将軍であった惟康王《これやすおう》は、文永七年（一二七〇）、源氏の姓を与えられ「源《みなもとの》　朝臣《あそん》惟康」、つまり源実朝《さねとも》以来の源氏将軍となっている。これには、理念上、幕府創業者源頼朝のカリスマ性を「源氏」という姓に象徴させ、それを復権させることで得宗権力の強化を図ろうという狙いがあったようだ。そうした動向のなかで、源氏の血をひく足利氏の存在が再び微妙なものになっていたことは想像に難くない。泰氏の場合と同様、血筋の高貴さに着目された家時が佐介氏の一党の謀叛に担がれるか、そう誤解されても仕方ないような事態が起きていたのではないだろうか。

なお、これまで家時の死をめぐっては、この後の霜月騒動《しもつきそうどう》＊（弘安八年十一月）につながる安達泰盛《あだちやすもり》と平　頼綱《たいらのよりつな》の対立構図のなかで、彼が泰盛派であったために、両派の政治対立に巻き込まれ自害に追い込まれたものと考えられてきた。ただ、そう考えるには、家時の死は、少し霜月騒動からさかのぼりすぎているようである。とくに最新の研究では、泰盛も頼綱も時宗の政治路線をよく継承し、時宗の死の直後の政治改革（弘安徳政）は、両者の協調によって成し遂げられたという指摘もなされている。むしろ、家時の死については、予定調和的な霜月騒動の対立構図からは切り離して、あくまで、この佐介事件との関係のみから考えたほうがいいのかもしれない。

『難太平記』の作為

となれば、今川了俊は『難太平記』で、家時の自害理由

＊霜月騒動　弘安八年（一二八五）、安達泰盛一族が得宗北条貞時によって滅ぼされた政変。従来は有力御家人の安達と得宗被官の平頼綱の対立として説明されてきたが、近年では両者はともに得宗権力を支える存在であり、得宗権力内部の争いと理解されている。

を源義家以来の天下取りの宿願を果たすためという説明をしているが、もちろん、これをそのまま信じるわけにはいかないだろう。そもそも王朝国家の一軍事貴族にすぎなかった源義家が、生前に「天下を取る」という認識をもっていたとはとうてい考えられない。かりにそうしたものがあったとしても、それがなぜ源氏の嫡流家ではなく足利家に伝来したのか、あまりに不可解である。おそらく源義家の置文なるものが存在していたとしても、それはある段階で足利家によって創作されたものであったにちがいない。

また、同様に家時についても、その生前に「天下をとる」という認識をもっていたかどうかは、大いに疑わしい。この箇所に限らず、『難太平記』では他の箇所で尊氏の将軍就任が家時・貞氏以来の「御造意《ごぞうい》」*であったと述べたり、『梅松論《ばいしょうろん》』でも「関東誅伐の事」が「累代《るいだい》御心の底」にあったことが強調されている。しかし、少なくとも『難太平記』には、足利氏が天下をとることが歴史の必然であったことを強調しようとする執筆意図があったことが明らかであり、この逸話がそうした意図のもとに記述されたものである可能性を考慮する必要があるだろう。あるいは、了俊が尊氏兄弟のまえで家時の置文を見せられて、「いま我々が天下を取っているのは、ただこの家時公の御発願によるものだったのだ」と語られていることを思い浮かべれば、そうした足利神話の発信源は、案外、ほかならぬ尊氏兄弟であったのかもしれない。

＊造意　考えたくらむこと。くわだて。

いずれにしても、家時は死去のまえに何らかの置文を残したことは確かなようだが、その内容はおそらく子孫に天下取りの希望を託するというような、かっこのいいものではなく、ただ無益な政争に関与して若い命を散らすことについての無念の思いの吐露だったのではないのかと思われる。直義は、その置文をみて、きっと「感激胆に銘ずる」ほど心動かされたのだろう。

北条氏内部の権力闘争の渦中に、家時がみずから積極的に飛び込んで行ったのか、それともただ不本意に巻き込まれただけだったのかはわからない。ただ、そうした反北条得宗勢力の動向に容易に連なってしまった背景には、彼が足利歴代のなかでは珍しく北条氏を母としない異端の当主であったことも影響しているように思われる。しかし、だとしても政争に巻きこまれた末に当主が切腹というのでは、あまりに痛ましすぎる。おそらく源義家の「七代目の孫に……」という置文にしても、家時の「三代のうちに……」という置文にしても、室町幕府の創業に関わった人物たちが政権の正当化のためと、先々代の惨めな死の経緯を隠蔽するために、本来の家時の遺書とは別に創作したものだったと考えるべきだろう。

五　父貞氏の発狂

貞氏の「物狂」

ここまで足利氏の当主の履歴をみてきた。従来、鎌倉時代の足利氏については、義兼《よしかね》の唐突な出家や不思議な遺言、あるいは泰氏《やすうじ》の「自由出家」事件、家時《いえとき》の自害などをもとに血統的な精神異常が指摘されてきた。しかし、近年の研究から学んでこれまで紹介してきたとおり、それらの奇矯とも思える当主たちの事跡は、すべて鎌倉幕府内部の権力闘争と連動させて考えることが可能であり、それをもって彼らの心身の異常を指摘することは適切ではないことがおわかりいただけたと思う。

足利貞氏木像模写
『集古十種』所収。浄妙寺旧蔵。

ただ、歴代足利氏のなかで、唯一、明らかに発狂の徴証のある人物が残されている。それが、尊氏の父、貞氏《さだうじ》である。正安《しょうあん》四年（一三〇二）二月九日、貞氏は「物狂所労《ものぐるいしょろう》」（精神錯乱の病気）が長年にわたるので、「物付《ものつき》」すなわち物《もの》の怪《け》がとりついているのではないかと噂されたため、祈禱《きとう》が執り行われ、いくぶん快方に向かった、という趣旨の記述が『門葉記《もんようき》』巻七十「冥道供《めいどうぐ》」七にみえる。ここまで明確に「物狂」と指摘される史料が残されているのは、歴代当主のなかでも貞氏しかおらず、彼については精神疾患の事実を認めるほかない。ただ、それについても、発病にいたる経緯をみてみると、それなりに彼を追いつめる外的な条件がやはり指摘できそうである。以下では、貞氏の生涯を追うことで、彼の発病にいたる経緯を確認してゆきたい。

忍従の日々

自害した家時の後を継いだ貞氏についても、その公的な活動はあまりよくわかっていない。家時の死により家督を継いだとき、彼はわずか十二歳だったようだ（『尊卑分脈』の享年より逆算）。しかも、家時の死の翌年には、霜月騒動が起こり、実力者安達泰盛《あだちやすもり》の一派が内管領《ないかんれい》*平頼綱《たいらのよりつな》によって粛清されており、このとき足利一族のうちでも安達派として討たれた者が出ている。家宰《かさい》の高《こう》氏や上杉氏による支援があったとはいえ、幼年の貞氏による家政運営は困難をきわめていたに違いない。

とくに成人して以後も彼を苦しめたのは、やはり北条得宗《とくそう》家との関係であった。元亨《げんこう》三年（一三二三）十月、鎌倉の円覚寺《えんかくじ》において北条貞時《さだとき》の十三回忌供養が盛大に執り行われているが、このとき貞氏は合計銭二百三十貫文もの高額の寄進を行なっている。この金額は、最高額を寄進した内管領長崎円喜《ながさきえんき》*の三百貫文にはおよばないものの、北条一門の赤橋守時《あかはしもりとき》と同額であり、足利氏は幕府内でもかなりの経済力

*内管領　北条得宗家の家宰。本来は御内人《みうちびと》（得宗の家臣）を統括し、得宗家の家政を司る私的な職だったが、得宗家に権力が集中するにしたがい、執権職を上まわる大きな権力をもった。ほぼ長崎氏（平氏）の世襲職となる。

*長崎円喜　北条氏の内管領（?〜一三三三）。名は高綱。北条高時の執権就任とともに内管領になるが、すぐに「老耄」により嫡子高資にその地位を譲る。幕府内でなお隠然たる力をもち、幕府滅亡時に高時らとともに東勝寺で自害。

鑁阿寺大御堂

足利市家富町。棟瓦に足利家の家紋（二引両と桐紋）が見える。

を誇っていたことがうかがえる。

ただ、その一方で足利荘の菩提寺、鑁阿寺《ばんなじ》への仏事の寄進については、貞氏は思いのほか出費を渋っている様子がうかがえる。当時の鑁阿寺では、文永七年（一二七〇）以来、始祖義兼の忌日《きじつ》にあわせて一切経会《いっさいきょうえ》が行われていた。しかし、この法会には莫大な費用を要するらしく、すでに弘安九年（一二八六）には経済的な事情から実施されることはなくなってしまっていた。それでも寺の格式を維持するために一切経会を実施したがった鑁阿寺の供僧《ぐそう》たちは、貞氏に法会費用の助成をたびたび願い出ているが、貞氏はこれを終始黙殺している。そうこうしているうちに、弘安十年四月には雷火により鑁阿寺の護摩堂《ごまどう》・仮御堂《かりみどう》が炎上してしまうが、この再建も遅々として進まず、ようやく正応《しょうおう》五年（一二九二）に開始され、正安元年（一二九九）に完成をみた（現在の鑁阿寺大御堂《おおみどう》は、このとき貞氏が再建したものである）。

このように、北条得宗家の仏事のさいの大盤振る舞いに比べて、貞氏の足利家の菩提寺への費用の出し渋りは好対照をなしている。これは貞氏が外面には気を使うが、内輪の行事に対してはケチな人物であったというわけでは決してなく、どうも実際のところ、足利家の財政事情が菩提寺への支援もままならないほど本当に深刻な状態にあったということらしい。全国に多くの散在所領をもち、家格のうえでは御家人随一を誇る足利家ではあったが、実際の家計は火の車であった。にもかかわらず、貞氏は北条得宗家の仏事などでは、その家格に見合うだけの高額な出費を強いられていたのである。しかし、得宗家との関係維持に意を尽くし、家格に応じた負担を担うことは足利氏が鎌倉社会で生き抜いてゆくための必須条件であり、決して投げ出すことの許されぬ義務であった。そして、そうした出費がまた家計を圧迫してゆくという悪循環――。

モンゴル襲来という脅威は過ぎ去ったが、すでに北条得宗家の権力はとめどもなく巨大化してしまっていた。そうしたなかで足利氏は、これまで以上に彼らとの関係維持に気を使ってゆく必要に迫られていた。ここでひとつ打つ手を誤ると、どんな恐ろしいことが待ちうけているか。泰氏の蟄居や家時の自害など、なにより足利家の歴史がそれを雄弁に物語っていた。

だとすれば、貞氏の発狂については、とくに先祖以来の「異常な血統」として理解するよりも、これまで以上に困難な課題となっていた北条得宗家との関係維持に心を砕いてゆくなかで、精神のバランスを崩していった結果と考えることはできないだろうか。貞氏は二十代のうちに従五位下、讃岐守《さぬきのかみ》に叙任されているが、さきの『門葉記』の記述によれば、すでに三十歳前には心身の健康を崩してしまっていた

伝足利貞氏墓
鎌倉・浄妙寺内。

らしい。そのためかどうか、三十歳にさしかかる正安四〜嘉元《かげん》三年頃（一三〇二〜〇五）には、早くも出家を遂げてしまっている。

その後、嫡子高義《たかよし》を早くに亡くしてしまったため、貞氏はなおも家督の座にとどまることを余儀なくされ、元弘《げんこう》元年（一三三一）九月五日、西国から不穏な情勢を伝える知らせを耳にしながら、五十九歳でこの世を去る。しかし、この貞氏の死去にさいして、北条得宗家はその仏事さえも許さず、無情にも足利家に対して西国動乱の鎮圧のための出陣を命じている。最期の最期まで屈従を強いられてきた貞氏に対する、この北条得宗家の仕打ちを足利家中の人々は、はたしてどのような思いで受けとめたのだろうか。新当主となった尊氏が、鎌倉幕府に叛旗を翻すのは、これよりわずか二年後のことである。

尊氏の精神分析

さて、ここまで「異常な血統」として説明されることの多かった歴代足利氏の履歴を点検してきた。では、本書の主人公でもある尊氏については、どうだろうか？　少し言及しておこう。彼の性格については、第Ⅰ章で詳述したが、たしかに感情の振幅が激しく、天真爛漫に振る舞うかと思えば、必要以上に深く落ち込むことがあり、躁鬱質《そううつ》といわれても仕方のない部分があることは確かだ。ただ、それを遺伝的な「躁鬱病」とまで診断することができるかというと、私はかなり疑わしいと考えている。

たとえば、中先代《なかせんだい》の乱の鎮圧後、尊氏は鎌倉に居すわり続けたために、後醍醐から謀叛人と認定され、討伐軍を送りこまれてしまっている。このとき彼は恐懼(きょうく)して寺に籠もり、ひたすら恭順の姿勢を表わし、敵が眼前に迫っても、決して反転攻勢に出ることはなかった。このへんの突然の隠遁の不可解さが、後に多くの人々から精神疾患を疑われる要素となってしまったといえるだろう。しかし、弟直義《ただよし》の身に危険が迫っているのを知ったとき、ついに彼は立ち上がり、猛然と巻き返しをはかる。知人の心理学者の教示によれば、自身の奮起や外的環境の変化によって精神状態を自分でコントロールできないのが、躁鬱症の特徴であり、このときの尊氏のように追いつめられた末、積極的な行動に移すことができる場合は、躁鬱症とはみなせないのだという。尊氏の場合、最終的にはしっかりと現実に立ち向かっていることから、その行動の不可解さを安易に精神疾患として片付けるのには慎重であるべきだろう。

総じて尊氏や足利一族の場合に限らず、歴史上の人物の病名診断など、容易なことではない。まして現代においても同じ病名で苦しんでいる人がいることを念頭においたとき、とくに興味本位での素人の「診断」は偏見を助長する結果を生む場合がある。過去の人物の事跡をたどるとき、便利な病名に頼らずに、現代の常識からは理解不能な彼らの内面に寄り添ってゆく覚悟が、歴史家には求められているのではないだろうか。

足利神話の誕生

鎌倉時代の歴代足利氏の精神の遍歴をたどってきた第Ⅱ章で、

これまでたびたび引用してきた文献史料に今川了俊《いまがわりょうしゅん》の『難太平記《なんたいへいき》』がある。この文献のなかでは、たびたび歴代足利当主についてのオカルト的な逸話が紹介されており、歴代足利氏が血統的な精神異常を患っていたという見解の重要な論拠のひとつとして利用されてきた。ただ、もともと今川了俊は尊氏の忠実な部下であり、『難太平記』についても室町幕府の正統性を主張することをモチーフのひとつとしている書物である。にもかかわらず、本書では先祖義兼に「わたしの子孫には、しばらく我が霊がとりついて正気を失うことがあるだろう」という不気味な預言を語らせているし、家時は先祖源義家の置文の内容を履行できなかったことを苦にして自害したという設定になっている。では、なぜ他ならぬ『難太平記』のなかで、このように足利氏の先祖たちを貶《おとし》めるかのような叙述が展開しているのだろうか。第Ⅱ章の締めくくりとして、最後にこの点を考えておきたい。

まず問題にしなければならないのは、義兼が残したとされる「わたしの子孫には、しばらく我が霊がとりついて正気を失うことがあるだろう」という預言である。ここからすれば、おそらく『難太平記』が書かれた当時、実際に足利家の当主に「正気を失う」者がいたという認識が人々のなかに一定程度普及していたと考えざるをえないだろう。そうした認識が当時拡がっていたからこそ、『難太平記』はその事実を始祖義兼に預言めいて語らせているにちがいない。

では、それは誰かといえば、これまでの考察で明らかなのは貞氏以外にない。また、尊氏についても、さきに述べたとおり、かなり情緒の振幅の激しい人物であったから、あるいは尊氏もその範疇《はんちゅう》に入れられている可能性もある。当時においても、もちろん「正気を失う」言動のみられる当主というのは、決してプラスの評価が与えられるものではない。むしろ、一家一族を率いる人物としては致命的な欠陥であるとすらいえるだろう。まして貞氏の場合のように、鎌倉幕府内での陰微な宮廷政治に心身をすり減らして「物狂」になってしまったとあっては、当主の資質に重大な疑問符が付けられてもしかたないだろう。

　まして尊氏が室町幕府を開いた当時、他の源氏の庶家に対する足利家の優位は決して絶対的なものではなかった。『難太平記』によれば、庶家の武将のなかには尊氏にわざわざ系図をみせて、自分の家のほうが足利家よりも兄筋の家柄であるということを言ってみせる者までいたという。『難太平記』はそのことを苦々しく語りながらも、その実名まではさらしていないが、たしかに仁木《にき》・細川・畠山・桃井・吉良《きら》・今川*・斯波《しば》・渋川などは、みな足利氏よりも兄筋にあたる家柄である。なかでも斯波氏や吉良氏は、鎌倉期には分家をあらわす「斯波」や「吉良」の名字を名乗っていた形跡はなく、本家と同等に「足利」を名字としていたほどである。こうした者たちのなかで足利嫡流家が源氏の棟梁として君臨するためには、血筋だけではなく、それ相応の正当化の道具立て、すなわち「神話」が必要だったはずである。

　そこで『難太平記』のなかで採用されたのが、マイナスの要素であるはずの貞氏・

---

* **吉良氏と今川氏**　今川氏は吉良氏から吉良荘内西条今川を譲られ分出した家だが、基氏のときに吉良氏と不仲になり、範国のときに和解している（『難太平記』）。また霜月騒動でも両家は敵・味方に分かれている。今川了俊がことさらに足利嫡流にこだわるのも、庶家の庶家である今川家の屈折した立場から考える必要がある。

尊氏の精神的な不安定さを、他の庶家にはないプラスの要素に転化させるという作業だったのではないだろうか。情緒の不安定さというのは、社会生活を送るうえではマイナス要素となるが、古代社会のシャーマンの役割などを連想してもらえればわかるように、前近代社会においては、それがある種の霊性として受容されることがありえた。『難太平記』では、人々のなかにすでに噂として知れわたっていた足利当主の精神的な不安定さを、始祖義兼以来、源氏の棟梁に刻印された聖痕《せいこん》とすることで、足利嫡流家を他家とは異なる特殊な霊性をもった血筋と位置づけようとしたのではないだろうか。

また、家時の自害については、すでに述べたように、それを源義家の「天下取り」の霊託《れいたく》にかこつけることで、鎌倉幕府内の政争での敗北という足利氏の負の歴史を糊塗《こと》することを意図していたのだろう。そして同時に、それによって尊氏の「天下取り」をも、先祖以来の霊託により約束されたことであるかのように受け取れる効果をも期待していたのだろう。この神話の出どころは、他ならぬ尊氏・直義兄弟であった可能性が高い。

その実質的な効果のほどはわからないが、少なくとも室町初期においては源義家の霊託と義兼以来の聖痕というふたつの要素が室町幕府を正当化する神話を構成していたことはまちがいないようだ。ただ、結果的に、こうした足利神話の巧妙な作為が、後世の歴史学者たちによって足利一族の遺伝的な異常と解釈されてしまったのは、皮肉というほかない。

Ⅲ

足利・鎌倉の故地を歩く

鑁阿寺

一　足利編

モデルコース　足利尊氏ゆかりの土地として知られる足利《あしかが》だが、実際には若い頃の尊氏の生活の主要舞台は鎌倉《かまくら》であり、残された史料のうえからは、尊氏が足利に立ち寄ったことがあるかどうかすら分からない。ただ、今も足利には尊氏の先祖たちの残した遺跡や文化財が数多く残されている。ここでは、それらを見どころとともに紹介しよう。

鎌倉時代の足利氏の関連史跡は、現在の足利市域にまとまって点在している。足利市には都心から電車で二時間前後で出かけられるので、頑張れば日帰りで主要な史跡を見てまわることもできる。ただし、市内の移動はバスなど公共交通機関があまり整備されていないので、効率よく見学するには自家用車・レンタカーなどが便利だろう。そのほか、東武線足利市駅と足利学校の隣の太平記館では、レンタサイクルを借りることもできる。以下では、足利市内の主要史跡を半日で簡略に見学するコースと、レンタサイクルを使って丸一日史跡をめぐるコースと、自家用車を使って丸一日じっくりと史跡をめぐるコースの三種類を提案しておく。

①**半日コース**：足利市駅（13：00）—徒歩—鑁阿寺（足利氏宅跡）・足利学校跡—タクシー—樺崎寺跡（足利氏廟所）—タクシー—足利市駅（16：00）

②**一日自転車コース**：足利市駅（10：00）—鑁阿寺・足利学校跡—昼食（足利学校周辺）—郷土資料展示室（樺崎寺跡出土資料）—樺崎寺跡—光得寺（足利一族の墓石）—吉祥寺（頼氏の菩提寺）—法楽寺（義氏の菩提寺）—足利市駅（16：00）

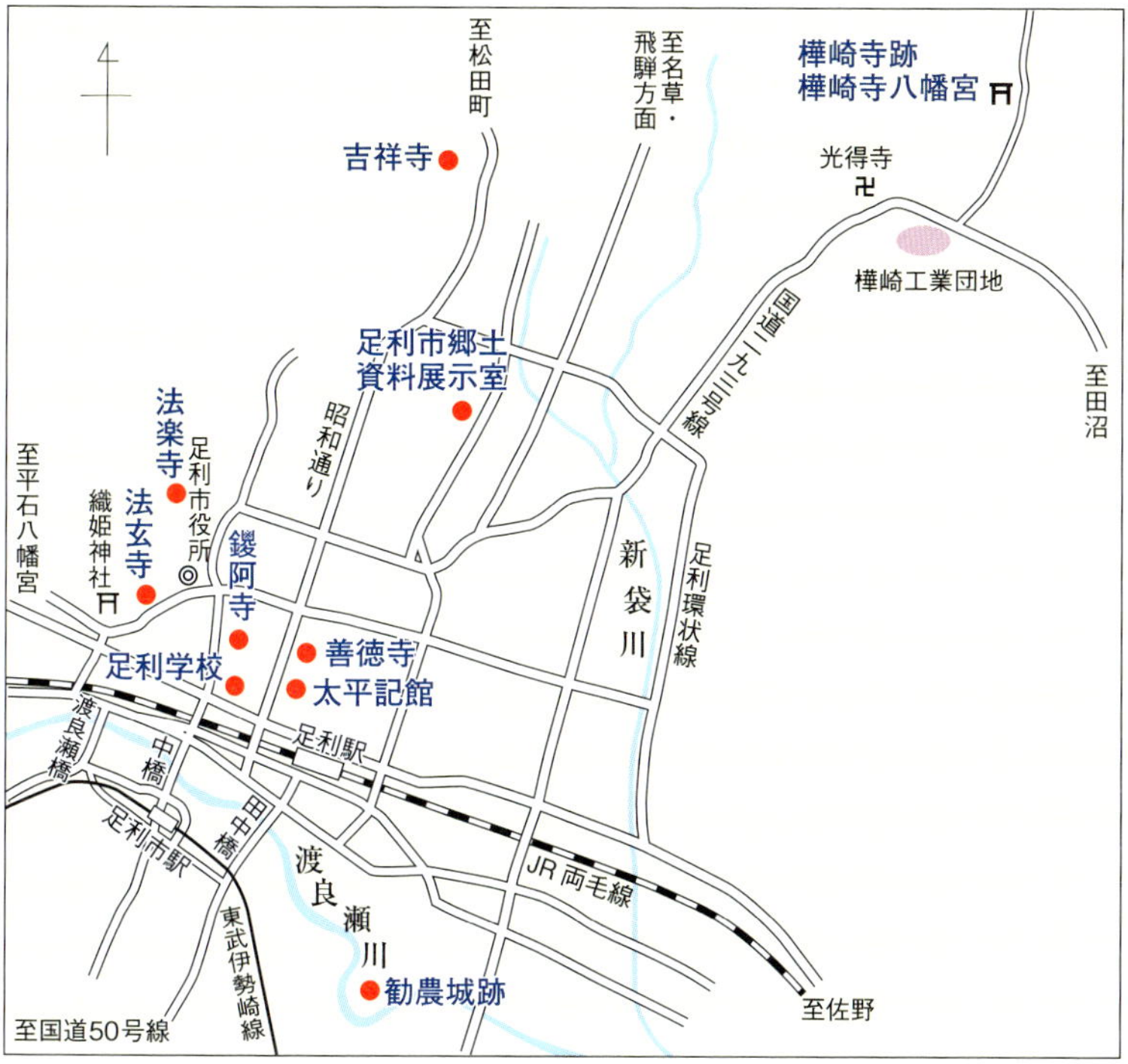

足利市街地図

※市街地から樺崎寺跡までは約六キロある。体力に自身のない方はタクシーなどの併用をオススメする。

③一日自動車コース：足利市駅（10：00）―鑁阿寺・足利学校跡―昼食（足利学校周辺）―郷土資料展示室―樺崎寺跡―光得寺―（a：清源寺・金蔵院）―吉祥寺（頼氏の菩提寺）―法楽寺（義氏の菩提寺）―智光寺跡（泰氏の菩提寺）―（b：鶏足寺・恵性院）―足利市駅（16：00）

※余裕があれば（a）清源寺（執事高一族の菩提寺）・金蔵院（高一族館跡）、もしくは（b）鶏足寺（足利一族小俣氏の菩提寺）・恵性院（小俣尊光の墓）のいずれかを見学することができる。

勧農城跡《かんのうじょうあと》

足利市岩井町七五二
【交通】ＪＲ両毛線足利駅から徒歩二〇分。

足利荘の中心施設がどこにあったのかは、まだ正確なことはわかっていない。とくに有力御家人であった足利氏は、鎌倉時代には当主は鎌倉に在住しているのが常態で、足利荘現地には管理事務所としての公文所《くもんじょ》を置き、代官を通じた支配をしていたと考えられている。その公文所の有力候補地とされる場所が、この勧農城《かんのうじょう》（岩井山《いわいやま》城《じょう》）跡の付近である。城跡は渡良瀬川《わたらせがわ》に突き出た東西百六十×南北二百×高さ約二十メートルの丘陵であるが、その全体像は東武伊勢崎線《とうぶいせさきせん》足利市駅とＪＲ両毛線《りょうもうせん》足利駅をむすぶ田中橋から見渡すことができる。勧農城は戦国時代に足利を支配した長尾《ながお》氏の居城であるが、その名前の由来となった「勧農《かんのう》」という小字《こあざ》が城跡の北東（現在は遊水地公園、足利渡良瀬ウォーターパーク）にあった。「勧農」とは、中世の在地領主の責務のひとつで、農業の振興を意味する。こうした象徴的な地名が残っていることや、近くの伊勢《いせ》町から古代の足利郡衙跡《ぐんがあと》と考えられる国《こ》府野《うの》遺跡が発見されたことや、寿《ことぶき》町の十念寺橋《じゅうねんじばし》に名を残す十念寺跡からは古代瓦が出土していることから、この勧農・伊勢町・寿町の付近が足利荘の中心核、つまり公文所の所在地として最有力視されている。なお、『鎌《かま》倉《くら》大草子《おおぞうし》』によれば「政所《まんどころ》」（鎌倉期の用語に即すと「公文所」が正しい）の地には、応仁元年（一四六七）まで足利学校の前身があったともされる。

勧農城跡

鑁阿寺《ばんなじ》・足利氏宅跡《あしかがしたくあと》

足利市家富町二二二〇
【交通】ＪＲ両毛線足利駅から徒歩一〇分。東武線足利市駅から徒歩一五分。
本堂・一切堂拝観は有料（要予約）。

真言宗大日派《しんごんしゅうだいにちは》総本山。山号は金剛山《こんごうざん》。足利氏の祖、義兼《よしかね》が、建久《けんきゅう》七年（一一九六）、自身の館内に建てた持《じ》仏堂《ぶつどう》が前身。開山は義兼の護持僧で、伊豆《いず》山走湯《そうとう》権現の理真上人朗安《りしんしょうにんろうあん》。義兼の死後、子息の義氏《よしうじ》が高野山末の真言宗寺院とし、足利氏代々の氏寺とした。寺院名は義兼の法名《ほうみょう》「鑁阿《ばんな》」に由来する（サンスクリット語で大日《だいにち》如来《にょらい》の意）。鎌倉時代には「堀内御堂《ほりうちみどう》」ともよばれたように、二町（約二百メートル）四方の敷地の周囲を土塁と堀がめぐらされており、かつての足利氏の居館の様子を彷彿《ほうふつ》とさせる（境内全域が足利氏宅跡として国指定史跡）（百頁図版）。南北朝時代までには堀の外側に千手院《せんじゅいん》以下十二の院家《いんげ》が建てられ、それらが一年交代で寺務を処理していた。鎌倉時代の「一山十二坊図」によれば、寺の南には門前町も形成されていたことがわかる。十二院は明治時代の廃仏毀釈《はいぶつきしゃく》により廃絶したが、現在も境内には大《おお》御堂《みどう》（鎌倉後期。国重文）、経堂《きょうどう》（室町期。国重文）、鐘《しょう》楼《ろう》（鎌倉期、国重文）のほか、多宝塔《たほうとう》（江戸期。県文化）・宝庫（江戸期。市文化）・蛭子堂《ひるこどう》・大酉堂《おおとりどう》・御霊屋《おたまや》（県文化）などが建ち並ぶ。堀に面した四つの門も、南の楼門《ろうもん》（県

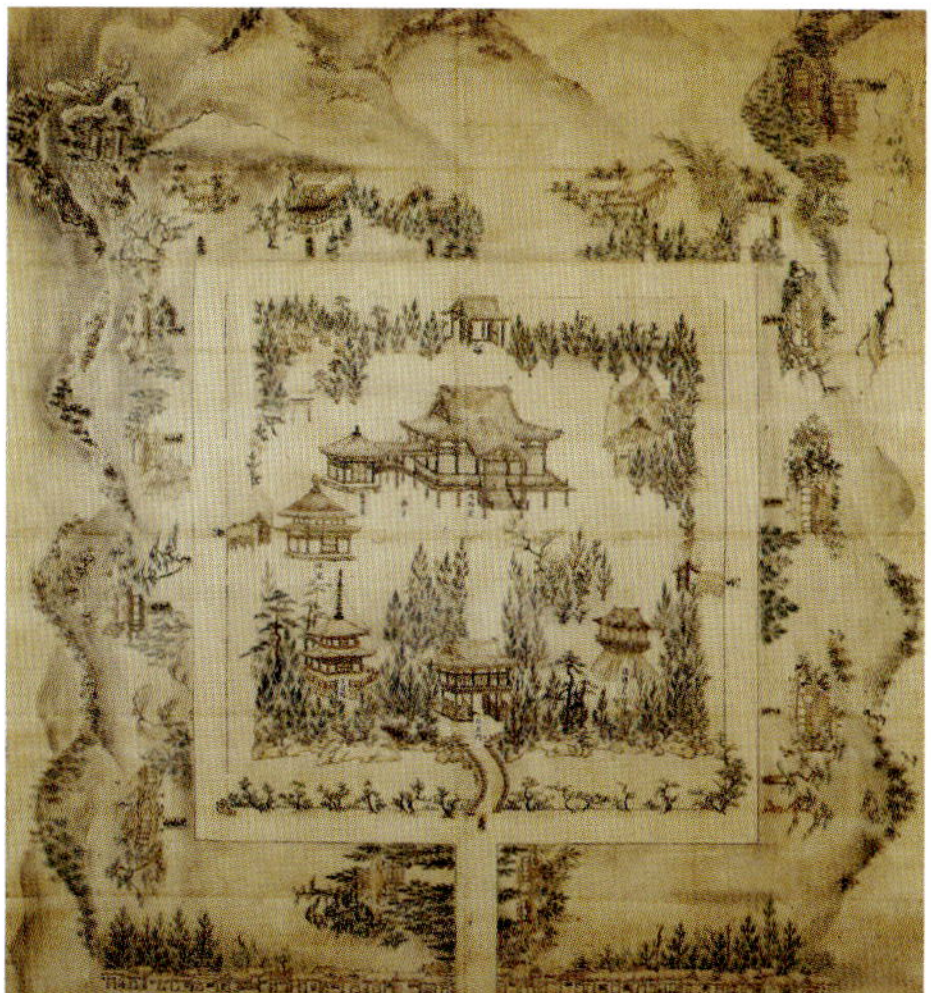

「鑁阿寺一山十二坊図」
右上すみに樺崎八幡宮が描かれている。鑁阿寺所蔵。

文化）が戦国時代の唐様《からよう》建築であり、内部の木造金剛力《こんごうりきしぞう》士像（県文化）が鎌倉時代の作であるほか、東門・西門（ともに県文化）が鎌倉時代の特徴を残す簡素な切妻造《きりづまづくり》の四《よつ》脚門《あしもん》である。

境内中央の本堂、大御堂は、入母屋造《いりもやづくり》で五間四面《ごけんしめん》の折衷様《せっちゅうよう》建築（百三十五頁図版）。天福《てんぷく》二年（一二三四）に足利義氏が建立するも焼失し、現在の建物は正安《しょうあん》元年（一二九九）に貞氏《さだうじ》が再建したもの。屋根の棟瓦《むねがわら》にみえる桐紋《きりもん》と二引両《ふたつびきりょう》はともに足利家の家紋である。本尊は木造大日如来坐像《だいにちにょらいざぞう》（県文化）で、本堂と同じ時期の作と考えられている。

本堂西側の経堂は、宝形造《ほうぎょうづくり》で五間四面の唐様建築。義兼の創建後、応永十四年（一四〇七）と宝永五年（一七〇八）の二度の修築を経ている（百四十三頁図版）。堂内には、江戸時代の作になる足利歴代将軍坐像十五体が安置されている。

本堂の南東の鐘楼は、桁行《けたゆき》三間・梁間《はりま》二間の入母屋造で、鎌倉時代の建築である。また、本堂南西の多宝塔には鎌倉時代の作になる木造大日如来坐像（県文化）が安置されている。

その他、本堂裏手の御霊殿は足利氏の先祖を祀《まつ》る建物だが、裏の墓は義兼の祖父義国《よしくに》・父義康《よしやす》のものと伝えられている。また、この社殿は、足利家の執事《しつじ》であった高《こう》氏の祖、惟真《これまさ》が夜討をかけられ討ち死にした際に、その霊を祀ったものとも伝えられている（『高階系図』）。その隣の蛭子堂は北条政子《ほうじょうまさこ》の妹で、義兼に嫁いだ北条時子《ときこ》を祀る堂である。

鑁阿寺は南北朝時代以降も室町将軍や鎌倉公方に篤く庇護されたため、寺宝にも優品が多い。「鑁阿寺文書」六百十五通（国重文）は、足利氏や東国武士の信仰の実態などを伝える貴重な史料である。また、青磁浮牡丹香《せいじうきぼたんこう》炉《ろ》・花瓶《けびょう》一対《つい》（ともに国重文）は、それぞれ尊氏・義満《よしみつ》の寄進と伝えられている。その他、鎌倉時代の仮名法華《かなほけ》経《きょう》八巻、室町時代の『魯論抄《ろろんしょう》』五冊、金銅鑁字御正《ばんじみしょう》体《たい》（いずれも国重文）や、絹本著色《けんぽんちゃくしょく》釈迦八大菩薩像・涅槃図《ねはんず》・不動明王二童子像・真言八祖像・弘法大師四所明神像・青磁《せいじ》人物燭台《しょくだい》・金銅透釣燈籠《すかしつりどうろう》・花鳥文刺繍《かちょうもんししゅう》天鵞絨《てんがじゅう》（いずれも県文化）などを所蔵している。

足利学校跡《あしかががっこうあと》

足利市昌平町二三三八
【交通】ＪＲ両毛線足利駅から徒歩七分。東武線足利市駅から徒歩一二分。
参観料四〇〇円。

戦国時代に宣教師ザビエルがヨーロッパに「坂東《ばんどう》の大学」と紹介したことで有名な足利学校跡は、鑁阿寺の東南に隣接している。足利学校は、典籍の収蔵と学問所の機能を兼ね備えた学校施設であり、金沢称名寺《かねさわしょうみょうじ》にある金沢文庫とならび、中世を代表する文教施設である。創建については定説はないが、小野篁《おののたかむら》（平安前期の漢学者・歌人）による創建という説（『右文故実』）や、律令制下の国学《こくがく》（郡司の子弟のための教育施設）が発展したという説（『足利学校事蹟考』）、足利義兼の創建という説（『分類年代記』）などがある。当初は現在地にはなく、応仁元年（一四六七）に足利荘代官の長尾景人《かげひと》が「政所」（現在の伊勢町付近か）から現在地へ移したとされている（『鎌倉大草子』）。室町時代には、関東管領《かんとうかんれい》（鎌倉府の執事）の上杉憲実《うえすぎのりざね》が復興に尽力し、金沢文庫にあった宋版《そうはん》の『宋版尚書正義《しょうしょせいぎ》』『礼記正義《らいきせいぎ》』（ともに国宝）『毛詩註疏《もうしちゅうそ》』『春秋左伝註疏《しゅんじゅうさでんちゅうそ》』（ともに国重文）などを寄進し、鎌倉円覚寺《えんかくじ》から僧快元《かいげん》を招いて庠主《しょうす》（学校長）とした（『足利学校由緒書』）。ついで憲実の子、憲忠《のりただ》は五経のうちの残る『周易註疏《しゅうえきちゅうそ》』（国宝）を寄進しており、戦国時代になってからは、北条氏政《うじまさ》が宋刊本『文《もん》選《ぜん》』（国宝）を寄進している。

教育ではとくに易学に力が入れられ、それに関連して兵学や医学も教えられたことから、戦国時代には三千人の学徒を抱える、まさに「坂東の大学」となった。

足利学校

江戸時代に入り、学問の主流が朱子学になると衰退するが、多数の典籍を収蔵する図書館としての機能は存続し、現在にいたるまで上記の国宝四点のほか国指定重要文化財八種九十八冊、計約二千冊におよぶ貴重な典籍を伝えている。

かつては建物は寛文《かんぶん》八年（一六六八）建立の孔子廟《こうしびょう》（大成殿《たいせいでん》）と三門を残すのみであったが、発掘成果にもとづき平成二年（一九九〇）に方丈《ほうじょう》・庫裏《くり》・書院・庭園や周囲の土塁・堀などが復原され、江戸中期の姿が再現されている。

なお、足利学校隣の善徳寺（足利市大町。東光山。臨済宗妙心寺派）は足利尊氏の開基と伝えられている。開山は大喜法忻《だいきほうきん》。慶長年間、現在地へ移転。天保二年（一八三一）に足利学校とともに火災に遭い、堂宇《どうう》・什物《じゅうもつ》を焼失している。境内には、廃寺となった万徳寺《まんとくじ》（市内同所）より移した平重盛供養塔と伝える風化の激しい五輪塔《ごりんとう》がある。

樺崎寺跡《かばさきでらあと》

足利市樺崎町一七二三
【交通】ＪＲ両毛線足利駅から自転車で四五分、車で一五分。

足利市の中心地から北東約六キロに、樺崎寺跡がある。市街地から離れているうえ、鑁阿寺・足利学校ほどの知名度もないので訪れる人は少ないが、足利に来たら鑁阿寺・足利学校とともに、ぜひ立ち寄りたいスポットである。鑁阿寺が足利氏の菩提寺であるとすれば、樺崎寺はその「奥《おく》の院《いん》」ともいわれる場所で、義兼以降の足利氏当主の廟所《びょうしょ》とされていた。明治時代の廃仏毀釈によって荒廃し、近年まで樺崎八幡宮《かばさきはちまんぐう》を残すのみであったが、昭和五十九年（一九八四）度からの発掘調査により、鎌倉～室町時代は浄土庭園と多くの堂塔をもつ巨大な真言密教系の寺院であったことが明らかにされた。国指定史跡となった平成十三年度からは史跡公園としての整備を前提にした発掘も進められており、現在もつぎつぎと新たな事実が解明されている。そのため、樺崎寺跡は足利氏や東国武士の信仰を考えるうえで不可欠の遺跡として、現在、多くの研究者の注目を集める場所となっている（詳細は、発掘成果を簡明にまとめたガイドブック、大澤伸啓『日本の遺跡41　樺崎寺跡』を参照されたい）。

　樺崎寺跡に行くまえには、ぜひ基礎知識を得るために足利市郷土資料展示室（足利市東砂原後町一〇五五。十三〜十六時。日曜、祝日休館。無料）に立ち寄りたい。ここには樺崎寺跡から出土した応永二十年（一四一三）銘の瓦（鎌倉《かまくら》公方《くぼう》足利持氏《もちうじ》の改修を事実を物語る）や四耳壺《しじこ》（女性の焼骨が入れられており蔵骨器として使用された）などが展示されている。珍しいところでは仏具の三鈷杵《さんこしょ》を図案として描いた三鈷杵文軒平瓦《のきひらがわら》、池底から出土した柿《こけら》経《きょう》（経典を写した木簡）なども見ることができる。

　樺崎寺の主要伽藍は、八幡山《はちまんやま》の東麓から樺崎川の西側一帯、浄土庭園を中心にして広がっていたと考えられている（百頁図版）。平安末〜鎌倉時代、東国の有力武士のあいだでは浄土思想にもとづき仏堂前面に園池《えんち》を配した浄土庭園をつくるのが流行するが、樺崎寺もその例に漏れず、中央に中島を築いた巨大な園池をもっていた。発掘で明らかになった池の大きさは、東西約七十《メートル》以上、南北約百五十《メートル》という広大なもので、現在、この池の洲《す》浜《はま》を復原する計画が進められている。

　園池の北、樺崎八幡宮の参道の北側が、足利義兼が夭逝したふたりの子息の供養のために建立した下御堂《しもみどう》（法《ほう》界寺《かいじ》）跡である。ここからは六・二《メートル》四方の亀腹《かめばら》基壇《きだん》をもつ礎石建物跡が確認されている。東側に向拝《こうはい》をもち四

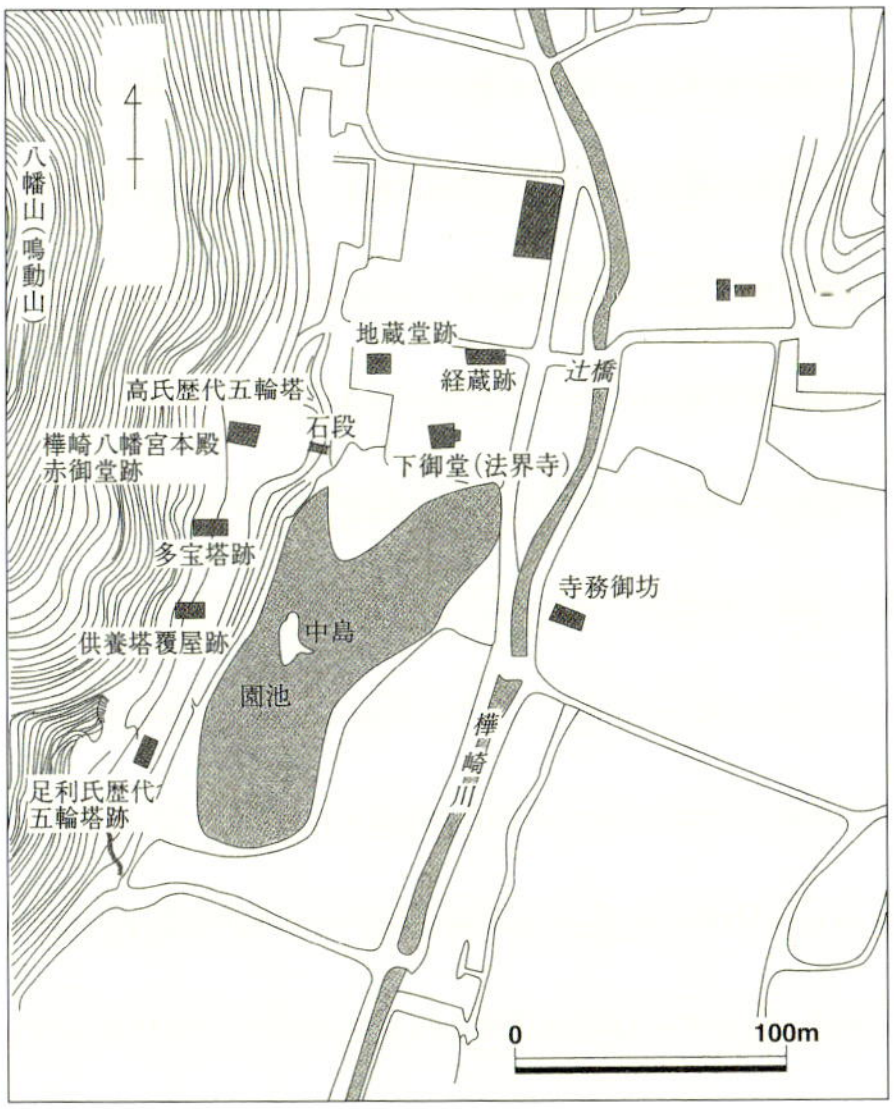

樺崎寺遺構配置図
峰岸純夫『新田・足利を歩く』所収。

周に縁がまわっている建物で、中央部の須弥壇《しゅみだん》下には石組があり、骨壷が収められていたことが推定されている。ニューヨークでオークションにかけられた運慶《うんけい》作の大日如来坐像も、もとはこの堂の本尊であったと考えられる（百七頁図版）。

　参道を上ると樺崎八幡宮である（百一頁図版）。現在の建物は天和《てんな》年間（一六八一～八三）のものだが、本殿床下には「足利義兼公御廟《ごびょう》」と書かれた木杭を見ることができ、ここが足利義兼の入定地《にゅうじょうち》と伝えられている。ただし、本殿の北側には石段が発掘されており、義兼を埋葬した朱塗りの「赤御堂《あかみどう》」は、現在の社殿の位置よりも少し北側にあったのではないかとも考えられる。

樺崎寺下御堂跡より八幡山を望む

光得寺《こうとくじ》（菅田町）の運慶作大日如来坐像も、もとはここの本尊であった。

　八幡宮から八幡山の中腹の山道を南に約八十メートル行った場所には、多宝塔跡《たほうとうあと》がある。現在、礎石の配置が復原されているが、この場所には三間四面（五・七メートル四方）の礎石建物が確認されている。嘉禄二年（一二二六）には樺崎寺四代住持になった熱田弁僧都重弘《あつたべんのそうずじゅうこう》が多宝塔を建立したとされるから、この礎石建物跡が重弘の建てた多宝塔と考えられる。ここからは多くの瓦が出土しているが、とくに尊氏が後醍醐《ごだいご》から下賜《かし》された桐紋を線刻した瓦も出土しているため、十四世紀中頃には瓦葺きにされていたことがわかる。多宝塔の前には園池に降りる石段がつけられていたことも確認されている。

　多宝塔からさらに約三十メートル南には、小さな削平地《さくへいち》に四つの礎石が置かれた供養塔覆屋《おおいや》跡がある。ここには宝形造り一間四方（約三メートル四方）の礎石建物があった。史跡整備以前は、この場所には足利義兼の供養塔と伝わる石造層塔《せきぞうそうとう》が安置されていた。しかし、近世の「樺崎八幡宮絵図」（百五十三頁図版）には、この場所に「義氏碑」と注記された五輪塔が描きこまれていることから、本来は義兼の子息義氏の供養塔として五輪塔が置かれ、そのうえに覆屋が建てられていたものと考えられる。

供養塔覆屋跡のさらに約五十メートル南には、縁石を積んだ細長い基壇の足利氏御廟跡がある。基壇の大きさは南北約二十・四メートル、東西約六・六メートル。基壇上の建物は、出土した瓦の記年銘から「応永二十年」(一四一三)に鎌倉公方四代持氏によって建立されたものと考えられる。「樺崎八幡宮絵図」によれば、ここには十基の五輪塔があり、いずれも足利氏歴代の供養塔であった。「鑁阿寺《ばんなじ》・樺崎《かばさき》縁起《えんぎ》并《ならびに》仏事次第《ぶつじしだい》」には「都鄙之《とひの》将軍家御墓、五輪石塔」と書かれており、応永二十八年(一四二一)には樺崎寺で鎌倉公方三代満兼《みつかね》の十三回忌供養が行われていたことが確認できることから、ここには応永二十年の時点で鎌倉時代の足利家当主と室町将軍家と鎌倉公方家の十人が祀られていたと考えられる。具体的には(別に樺崎寺内に墓堂や供養塔をもつ義兼・義氏を除く)泰氏《やすうじ》・頼氏《よりうじ》・家時《いえとき》・貞氏と、将軍家の尊氏・義詮《よしあきら》・義満、鎌倉公方家の基氏《もとうじ》・氏満《うじみつ》・満兼の計十人であろう。基壇上には、これらの供養塔を風雨から守る覆屋としての御廟が建ち、大きさは南北約十八メートル、東西約四・二メートルの長屋風の建物であった。

樺崎八幡宮絵図
足利市教育委員会。

なお、ここにあった十基の足利家歴代の五輪塔は、同じく樺崎寺境内にあった九基の足利家執事高一族歴代の五輪塔とともに、明治時代の神仏分離令により移動を余儀なくされ、現在は樺崎寺跡の南西一・五キロの光得寺に保管されている。このうち五基の銘文が判読でき、それぞれ「浄妙寺殿《じょうみょうじどの》」(足利貞氏)、「長《ちょう》□(寿《じゅ》)寺殿《じどの》」(足利尊氏)、「康永二年(一三四三)/五月廿《にじゅう》四日」(高師重《もろしげ》)、「前武州太守《さきのぶしゅうたいしゅ》道常大禅定門《どうじょうだいぜんじょうもん》/観応二年(一三五一)〈辛卯《かのとう》〉二月廿六日」(高師直《もろなお》)、「月海《げっかい》圓公《えんこう》大禅定門/応安四年(一三七一)〈辛亥《かのとい》〉三月廿六(九か)日」(高一族の南宗継《みなみむねつぐ》)と認められる。なお、光得寺には、このほかに足利義兼の念持仏であり、もとは赤御堂に安置されていた厨子《ずし》に納められた運慶作の大日如来坐像（国重文）も安置されている。また、木造地蔵菩薩坐像は樺崎寺四代住持重弘の等身像とされている。

このほか園池北側や樺崎川東側の平場では、僧坊と思われる礎石建物跡や掘立柱建物跡の遺構が多く確認されており、現在も発掘調査が継続している。八幡山山麓の堂塔跡については発掘も終わり、平成十九年（二〇〇七）には礎石や基壇を復原し、説明板が設けられるなど、史跡整備も完了している。現在は、第二期整備事業として、園池の復原やガイダンス施設の整備が進められているが、最終的には応永二十年（一四一三）に鎌倉公方四代持氏によって再興された時期の景観の復原が目指されている。

吉祥寺《きっしょうじ》

足利市江川町二四五

【交通】東武鉄道伊勢崎線足利市駅から徒歩四〇分、自転車で二〇分、車で一〇分。

天台宗。義任山《ぎにんざん》。弘長年間（一二六一～一二六四）、足利頼氏が覚恵《かくけい》和尚《おしょう》を開山として創建し、頼氏の死後、彼の菩提寺となった。山号は頼氏の法名「義任」に由来する。門前北側には大きな池があり、かつては参道をはさんで南側も池であったという（現在は宅地）。ここから、現在は面影はないが、かつてはこの寺も浄土庭園をもつ寺院であったと推測される。西方の山の麓に東面して堂塔を建立し、その前面に園池を配するという景観は、樺崎寺や法楽寺にも

吉祥寺

共通する。これに智光寺を加えると、鎌倉時代の足利氏は義兼（樺崎寺）・義氏（法楽寺）・泰氏（智光寺）・頼氏（吉祥寺）と、四代にわたって各当主の菩提寺が浄土庭園をもっていたことになり、他の東国武士からは卓越した足利氏の文化水準の高さがしのばれる。

境内の観音堂に祀られる聖観音菩薩像《しょうかんのんぼさつぞう》（市文化財）は安産子育ての御利益があるとされているが、頼氏の守護仏を胎内《たいない》に秘めているともいう。頼氏の墓は観音堂の西南奥にあるが、現在の石塔は近年新しく作りなおされたものである。その傍らに置かれた磨滅の激しい凝灰岩《ぎょうかいがん》製《せい》の五輪塔の残欠（水輪《すいりん》）から、わずかに往時がしのばれる（百十九頁図版）。

法楽寺《ほうらくじ》

足利市本城三―二〇六七

【交通】東武鉄道伊勢崎線足利市駅から徒歩二〇分、自転車で一〇分、車で五分。

法楽寺

曹洞宗《そうとうしゅう》。正義山《しょうぎさん》。建長元年（一二四九）足利義氏の開基で、義氏の死後、彼の菩提寺となった。山号は義氏の法名「正義《しょうぎ》」に由来する。かつては門前に阿弥陀ヶ池とよばれる広大な池があり、池底から阿弥陀如来像が現われ、義氏はそれを本尊にしたと伝えられている。伝承の真偽はともかく、この伝承から、かつてはこの寺にも園池があり、浄土庭園をもつ寺院であったことが推測される（現在、門前は住宅地になっており、その痕跡はうかがえない）。おそらく樺崎寺や吉祥寺と同じく、西方の山の麓に東面して堂塔を建て、その前に園池を構える景観であったのだろう。

銀閣寺を模した立派な本堂の南側にまわると、鎌倉～室町時代の五輪塔の残欠がまとめられている。そのうち中央の形の整った大きな五輪塔が義氏の墓と伝えられている（百十五頁図版）。義氏の墓所の奥には、江戸時代の足利藩主戸田氏の墓もある。

法楽寺の約五百メートル南には、義兼の正室で義氏の母である北条時子の菩提寺、法玄寺（浄土宗。足利市巴町二五四五）がある。ここには時子の墓と伝えられる五輪塔とともに、時子の死にまつわる謎の「蛭子伝説」が残されている。

智光寺跡《ちこうじあと》（平石八幡宮《ひらいしはちまんぐう》）

足利市山下町二〇九四

【交通】JR両毛線山前駅から徒歩一五分。

足利市街から西へ約五キロ、両毛線山前《やままえ》駅からは北へ約一キロ行った県立清風高校《せいふうこうこう》の北隣に、足利泰氏の菩提寺であった智光寺跡（平石八幡宮）がある。昭和三十九～四十年（一九六四～六五）、県立足利商業高校（現、清風高校）建設にともなう発掘調査により発見され、市内で初めて浄土庭園をもつ中世寺院の存在が確認された。この地は中世には平石郷とよばれ、三方を山に囲まれた谷戸《やと》の奥にあたり、晴れた日には富士山も望める景勝地である。鎌倉幕府から自由出家の譴責《けんせき》をうけ足利荘に蟄居《ちっきょ》した足利泰氏は「平石殿」「智光寺殿」とよばれていることから、この地に拠点を置き、菩提寺として智光寺を建立したと考えられる。出土瓦のなかに「智光寺」「文永二年三月日」という押印があることから、創建は文永二年（一二六五）とみられる。発掘によって明らかにされた寺域は、東西約百八十メートル、南北約三百メートル。堂山《どうやま》を背にして南向に阿弥陀堂（現在の平石八幡宮の東側）を構え、その前方（現在の清風高校の敷地）に園池と中島を設け、周囲に堂塔が建ち並ぶ景観であったと推測されている。

智光寺の廃絶時期は不明であるが、室町時代以降も存続したらしく、「鶏足寺文書《けいそくじもんじょ》」では、応永十三年（一四〇六）に「足利庄山下郷内平石智光寺」、享徳三年（一四五四）に「平石智光寺」の名が確認される。現在、同地に建つ平石八幡宮は、泰氏が智光寺建立に際し、八幡神を鎌倉の鶴岡八幡宮から勧請《かんじょう》してきたものと伝えられている。本殿は享保《きょうほう》五年（一七二〇）の建立（百二十一頁図版）。

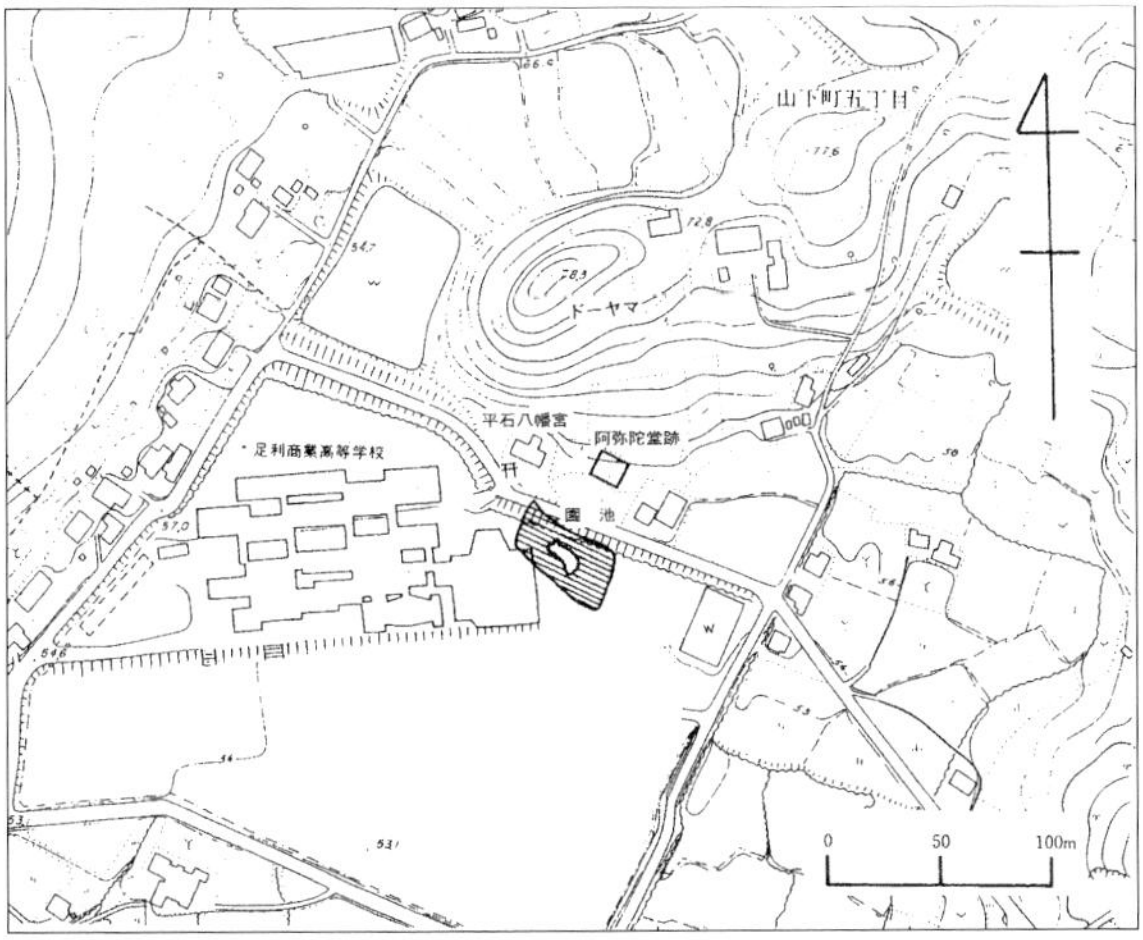

智光寺跡位置図
『足利市文化財総合調査昭和58年度「年報Ⅴ」』所収。

なお、足利市西部には足利泰氏にまつわる伝承や史跡が多く残されている。智光寺跡から約五百メートル西の長松寺（足利市山下町二六九二―二）には、泰氏の供養塔と伝えられる観応二年（一三五一）銘の宝篋印塔がある。大岩《おおいわ》山最勝寺《さんさいしょうじ》（足利市大岩町二六四）に建つ県内最古の石造層塔（県文化）には「建長八年（一二五六）〈丙辰《ひのえたつ》〉四月日／孝子敬《こうしけい》白《びゃく》」との銘文があり、泰氏が「孝子」（親孝行の子供）として父義氏の追善《ついぜん》供養のために建てたものと考えられている（百二十頁図版）。また、大岩山の叶権現は、泰氏が平石郷からお百度参りをして、願いが叶ったことから、その名がついたと伝えられている。このほか、足利荘の西端の鶏足寺（足利市小俣町二七八四）の梵鐘《ぼんしょう》（国重文。非公開）も、弘長《こうちょう》三年（一二六三）に泰氏が寄進したものである。

このほか、時間に余裕のある方は、足利市北部では、清源寺《せいげんじ》・金蔵院《こんぞういん》の見学をおすすめする。清源寺（臨済宗。足利市名草中町三五一三）は、執事高《こう》氏の一族である南宗継が建立した寺院である。南宗継は尊氏の重臣で、観応の擾乱《じょうらん》で高一族の多くが滅びるなかで生き残った稀有な存在で、足利の名草《なぐさ》郷に所領をもっていた。

寺の参道南側の山間に、南宗継と、その子孫のものである南北朝〜室町時代の安山岩製《あんざんがんせい》の五輪塔五基が東西横一列に安置されている。「清源寺殿《せいげんじでん》〈法名／性円《しょうえん》〉／応安四年（一三七一）〈辛亥〉三月二十九日逝去」と刻まれた中央の五輪塔が宗継の墓石で、その向かって左隣（西側）が至《し》徳《とく》三年（一三八六）に没した「南宝寺殿《なんぽうじでん》」、さらに左が応永七年（一四〇〇）に没した「称念寺殿《しょうねんじでん》／義海洪公大禅《ぎかいこうこうだいぜん》定門《じょうもん》」の墓石。宗継の向かって右側（東側）二基は女性の墓石で、右隣が康暦《こうりゃく》三年（一三八一）に没した「法《ほう》蘊大禅定尼《うんだいぜんじょうに》」（「南宝寺殿」の妻室か）、さらに右が応永二十年（一四一三）に没した「逢春院殿不奕《ほうしゅんいんでんふえき》／大禅定尼」（「称念寺殿」の妻室か）。

近くの金蔵院（真言宗。足利市名草中町一一九〇）は、南宗継の館跡と伝えられている。墓地の拡大により消滅してしまったが、現在でも境内西側にわずかに土塁の痕跡を認めることができる。また、境内には「永興寺殿《えいこうじでん》〈法名／性雨《しょうう》〉／永和元年（一三七五）十／二月廿三日」と刻まれた宗継の孫の宗氏《むねうじ》の五輪塔がある（水輪・地輪《ちりん》のみ当時のものか）。

足利市の西部では、鶏足寺《けいそくじ》と恵《え》性院《しょういん》墓地がおすすめである。鶏足寺（真言宗。足利市小俣町二七四八）は、大《だい》同《どう》四年（八〇九）に東大寺の定恵《じょうけい》によって創建されたと伝えられる古刹で、平将門《たいらのまさかど》の乱のときには住持定宥《じょうゆう》が調伏祈祷を行い、乱を鎮めたとされている。このとき護摩壇《ごまだん》に鶏の足跡が現われたのを奇瑞として、朝廷より「鶏足寺」の寺号が与えられたという。山門である勅使門は正和年間（一三一二〜一七）の建立と伝えられている。寺宝として、足利泰氏が奉納した弘長三年（一二六三）の銘のある梵鐘《ぼんしょう》（国重文）や、鶏足寺文書や年代記「鶏《けい》足寺世代血脈《そくじせだいけちみゃく》」がある（いずれも非公開）。

足利荘隠棲後、西部地域の開発をすすめた泰氏は、この鶏足寺に子息賢宝《けんぼう》を入れ、鶏足寺別当職《べっとうしき》を相伝《そうでん》させた。これが足利氏の庶家の一つ、小俣《おまた》氏となる。鶏足寺から一キロほど離れた場所に恵性院（真言宗。足利市小俣町一四九三）があるが、この笛吹坂墓地には「法印尊光《ほういんそんこう》／永和三年（一三七七）／四月十七日」の銘のある凝灰岩製の五輪塔が安置されている。これは鶏足寺文書にも登場し、南北朝時代に足利基氏のもとで活躍した小俣尊光の墓である。また、境内には延文《えんぶん》五年（一三六〇）の銘のある珍しい石卒塔婆《いしそとうば》（県文化）や、多くの五輪塔もある。

＊　＊　＊

鎌倉ほどに観光地として整備されているわけではないが、いまに残る鑁阿寺の伽藍や、樺崎寺の壮大な遺構を目にすれば、誰もが鎌倉期の足利文化の水準の高さを感じとることができるだろう。のちの尊氏の活躍も、この足利文化の延長線上に花ひらいたものといえる。戦前は尊氏は「逆賊」とされ足利の人々も肩身の狭い思いをしたらしいが、現在では「尊氏通り」というメインストリートの名前や、「足利尊氏公マラソン大会」という名称から、地元の人々の尊氏に対する愛着が伝わってくる。史跡めぐりの腹ごしらえには、最近のご当地グルメブームで有名になった「ポテト入り焼きそば」「片栗粉《かたくりこ》しゅうまい」「ソースかつ丼」がオススメである。

なお、足利史跡めぐりのお土産としては、ぜひ「お菓子の虎谷《とらや》」の「花押《かきはん》もなか」を買っておきたい。足利尊氏・足利義氏・上杉憲実など足利ゆかりの武将の花押（サイン）をかたどった最中《もなか》は、歴史好きなら誰もが喜ぶ逸品である。

二　鎌倉編

モデルコース　鎌倉は尊氏が青春時代を過ごした土地であり、室町幕府を開いた後も尊氏は〝武家の都〟としての鎌倉に並々ならぬ愛着を抱いていた。現在では観光地としてすっかりメジャーになってしまい、週末の鎌倉は観光客で賑やかすぎるぐらいだが、尊氏ゆかりの史跡の周辺はまだまだ訪れる人もまばらで、古き良き鎌倉の風情を残している。

鎌倉は東京からも日帰りで行けて、史跡も歩ける範囲にまとまっているので、気軽に出かけられる見学スポットである。ここでは朝から夕方まで「足利尊氏の足跡をたどる」というテーマで、鎌倉を一日散策した場合のモデルコースをご紹介しよう。

北鎌倉駅（10：00）→長寿寺（尊氏の墓）→亀ヶ谷切通し→浄光明寺（尊氏決起の地）→鎌倉駅前（昼食）―（バス）→足利公方邸旧跡（尊氏亭跡）→浄妙寺（父貞氏の菩提寺）→報国寺（祖父家時の菩提寺）―（バス）→宝戒寺（尊氏建立の寺）→鎌倉駅（16：30）

以下では、この順で各史跡を紹介する。もちろん史跡めぐりに絶対の方法はない。これらの史跡と併せて、読者各自の興味に応じて、いろいろな観光スポットを組み合わせて独自の旅を楽しんでほしい。

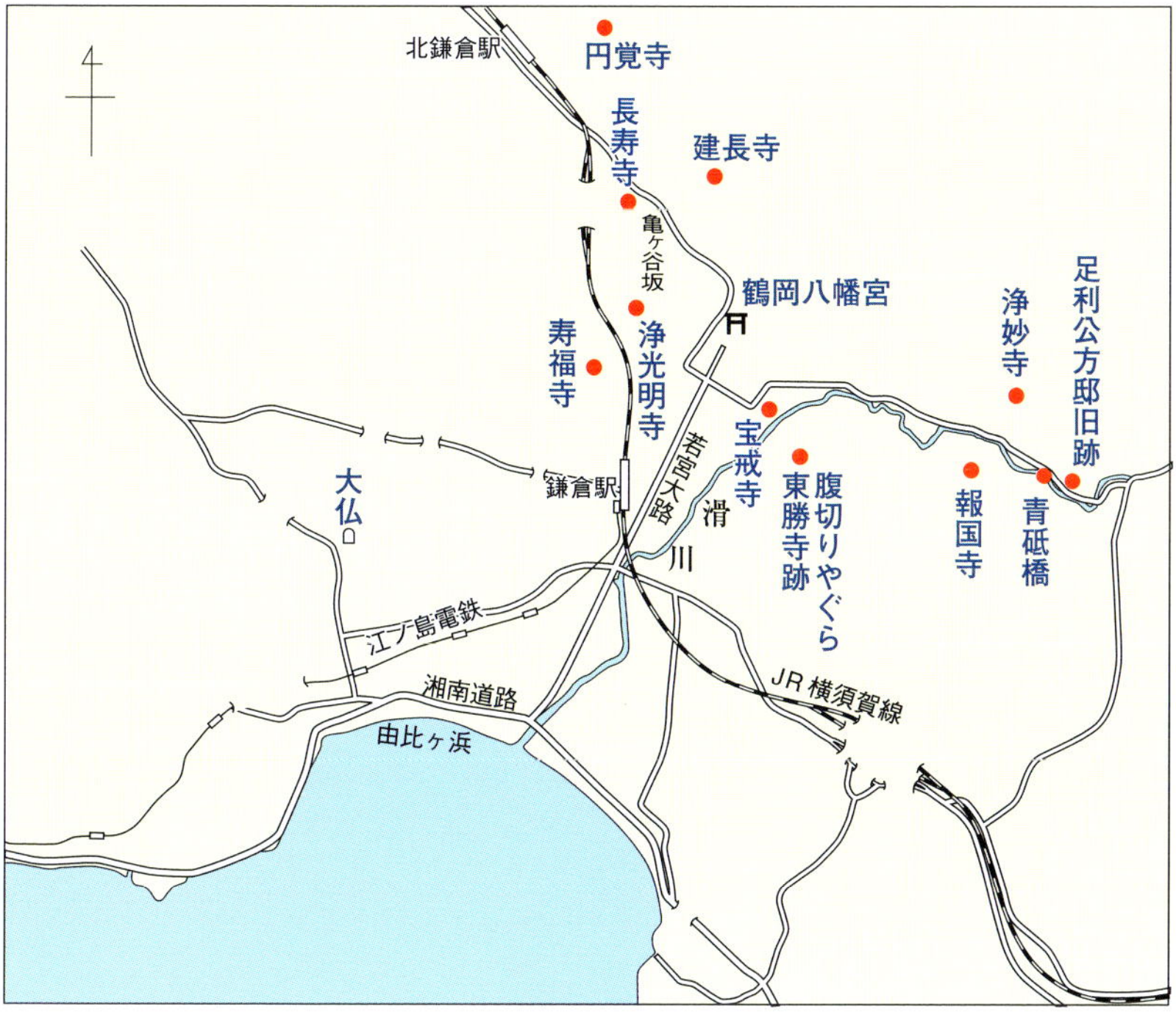
北鎌倉駅
円覚寺
長寿寺
建長寺
亀ヶ谷坂
鶴岡八幡宮
浄光明寺
寿福寺
浄妙寺
足利公方邸旧跡
宝戒寺
腹切りやぐら
東勝寺跡
報国寺
青砥橋
若宮大路
滑川
鎌倉駅
大仏
江ノ島電鉄
湘南道路
由比ヶ浜
JR横須賀線

鎌倉市街地図

長寿寺《ちょうじゅじ》

鎌倉市山ノ内一五〇三
【交通】JR北鎌倉駅から徒歩一〇分。
春と秋の金・土・日・祝、一〇〜一五時のみ公開（雨天不可）。拝観料三〇〇円。

臨済宗《りんざいしゅう》建長寺派。宝亀山《ほうきさん》。尊氏の子で初代鎌倉公方の基氏が尊氏の菩提を弔うために、禅僧古先印元《こせんいんげん》を迎えて、かつての足利氏の亭宅跡を寺院にしたと伝えられている。ただし、建武三年（一三三六）の尊氏御教書《みぎょうしょ》（建長寺文書）のなかに「長寿寺」を諸山《しょざん》とする記述があることから、長寿寺自体は、すでに尊氏の生前から存在していたと考えられる。寺号は、そのまま尊氏の法名となり、尊氏は死後「長寿寺殿」（のちに等持院殿）とよばれることになる。室町時代は鎌倉公方の保護をうけ、五山《ござん》十刹《じっさつ》につぐ関東諸山第一位の地位を与えられた。

江戸時代に徳川光圀《とくがわみつくに》（水戸黄門《みとこうもん》）によって編纂された『新編鎌倉志』によれば、鎌倉市中に足利氏の亭宅跡と伝わる場所は三カ所あり、ひとつはこの長寿寺の南隣の地であり、ふたつめは浄妙寺《じょうみょうじ》東の「足利公方邸旧跡」の地（後述）、三つめは亀ヶ谷《かめがやつ》の巽荒神《たつみこうじん》（扇ガ谷一—九—七）の東南の場所である。『吾妻鏡』をみると、鎌倉市中の足利氏の亭宅は大蔵谷《おおくらだに》の本宅のほかに、若宮馬場本《わかみやばばもと》（寛喜二年二月十一日条）と、亀谷《かめがやつ》（寛元元年正月九日条）にもあったとされる。このうち大蔵谷の本宅が「足利公方邸旧跡」で、亀谷亭が長寿寺南隣もしくは巽荒神東南をさすと思われる。

長寿寺

数年前まで寺域は非公開であったが、現在では春と秋の金・土・日曜日・祝日に限って拝観できる（雨天不可）。平成十八年（二〇〇六）に新築された本堂には本尊釈迦如来像とともに、観音堂から移された足利尊氏像（元禄二年再造）と古先印元像（室町期）が祀られている。観音堂は、室町時代の多宝塔を奈良県の忍辱山円《にんにくさんえん》成寺《じょうじ》から大正時代に改造移築したものである。手入れの行き届いた庭を見ながら本堂・客殿・観音堂を過ぎ、観音堂の裏手にまわると、尊氏の遺髪を納めたとされる尊氏の供養塔が見られる。この供養塔は、戦前、皇国史観に洗脳された悪童たちによってたびたび破壊された結果、現状は宝篋印塔《ほうきょういんとう》に五輪塔の残欠を組み合わせたものとなってしまっているが、それぞれの部品自体は明らかに中世後期の遺物である。

足利尊氏の墓
長寿寺内。

　長寿寺の裏手には鎌倉の「七切通し《きりどおし》」のひとつ、亀ヶ谷の切通しがあり、ここを通ればJR鎌倉駅、浄光明寺《じょうこうみょうじ》方面へと抜けられる。切通しは鎌倉の防衛のためにつくられた開削道であるが、なかでも亀ヶ谷切通しはその険《けわ》しさから亀もあきらめて引き返すほどであったことから、その名がついたとされる。現在は舗装《ほそう》されており、距離も短いが、わずかに往時をしのぶことができる。

浄光明寺《じょうこうみょうじ》

鎌倉市扇ヶ谷二—一二—一
【交通】JR鎌倉駅から徒歩約一五分。北鎌倉駅から徒歩約二〇分。阿弥陀堂拝観は木・土・日・祝の一〇～一二時、一三〜一六時(雨天不可。八月は休止)。
拝観料(阿弥陀堂)二〇〇円。

真言宗泉涌寺《せんにゅうじ》派《は》。泉谷山《せんこくさん》。建長三年(一二五一)、鎌倉幕府六代執権《しっけん》、北条長時《ながとき》が真阿上人《しんあしょうにん》を招いて創建したと伝わる。その後、長時の子孫にあたる赤橋《あかばし》家の菩提寺となっていたが、鎌倉幕府滅亡後は尊氏の正室登子《とうし》が赤橋氏であったことから、尊氏の庇護をうけた。

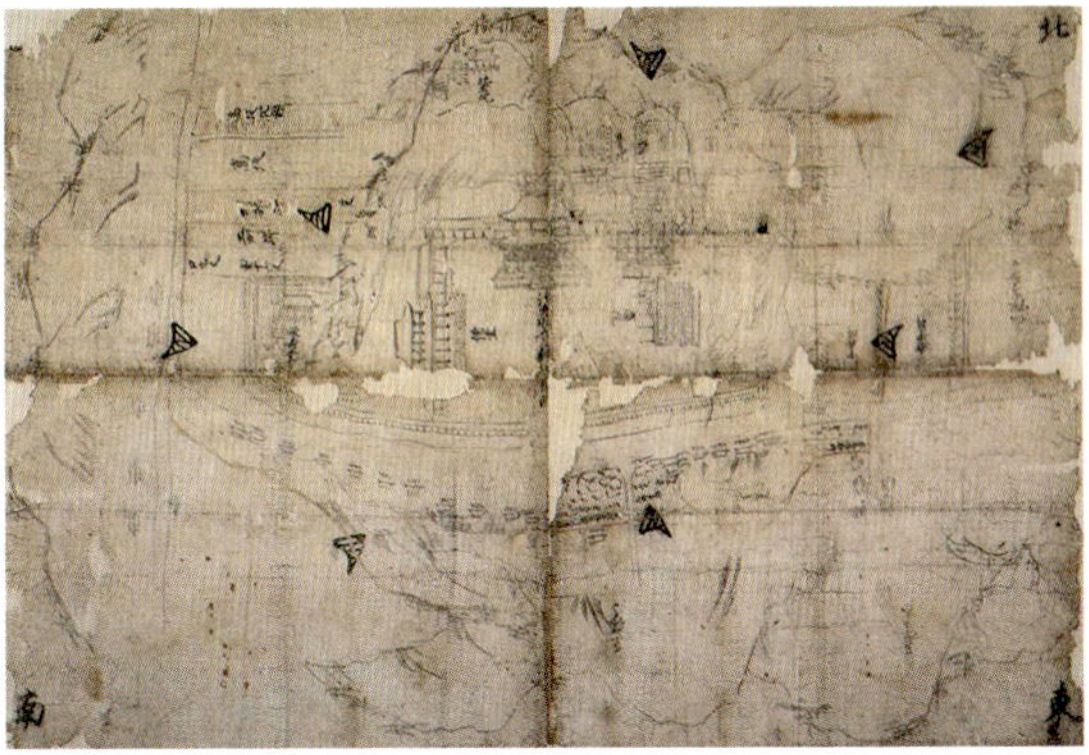

「浄光明寺敷地絵図」
浄光明寺所蔵。

建武二年(一三三五)、中先代《なかせんだい》の乱を鎮圧したまま鎌倉にとどまった尊氏に対して、後醍醐天皇は新田義貞を大将とする討伐軍を差し向けるが、そのとき尊氏は当寺に蟄居し謹慎の意を表している。しかし、後醍醐の怒りが解けず、弟直義の身にも危機が迫ったことで、尊氏は奮起し、一転して反撃に立ちあがる。当寺は、尊氏の人物史のなかでも重要なターニングポイントとなった場所といえる。

鎌倉末期の当寺の姿をいまに伝える史料に「浄光明寺敷地絵図」(国重文、非公開、百六十四頁図版)がある。本絵図には直義配下の上杉重能《しげよし》の花押(サイン)が七カ所にあるが、幕府滅亡後、寺側が本絵図を作成し、鎌倉に入った直義に当寺敷地の所有権の承認をうけたものと考えられている。この絵図からは、尊氏時代の浄光明寺の伽藍の威容とともに、その周辺に御家人屋敷や町屋が建ち並んだ当時の都市鎌倉の景観をうかがうことができる。

阿弥陀堂の左にある収蔵庫には、阿弥陀三尊像(国重文)と、地蔵菩薩像(県重文)が安置されている。阿弥陀三尊像のうち中央の阿弥陀如来像は高さ百五十センチもある雄品で、正安元年(一二九九)の胎内銘《たいないめい》をもち、登子の父、赤橋久時《ひさとき》によって作られたと考えられている。尊氏が謹慎中、恭順《きょうじゅん》か叛逆かで悩みながら、祈念した仏像も本像であったのだろうか。地蔵菩薩像は、合戦で足利直義が矢を射つくしてしまい困っていたときに小僧姿で現われ矢を拾い集め、直義の急場を救ってくれたという伝説があり、足利直義の守り仏であったとされている。現在、これらの仏像は天気のよい木・土・日・祝日に拝観することができる。

　このほか境内裏山には、『十六夜日記《いざよいにっき》』を書いた阿仏《あぶつ》尼《に》の子であり、冷泉《れいぜい》家の祖となった冷泉為相《ためすけ》の墓（国史跡）と伝わる宝篋印塔や、由比ガ浜《ゆいがはま》の漁師の網にかかって引き上げられたという伝説のある網引地蔵《あみびきじぞう》（正和二年〈一三一三〉の銘あり）などがある。

足利氏屋敷跡（足利公方邸旧跡）

鎌倉市浄明寺二六一番地付近

【交通】ＪＲ鎌倉駅からバス（十二所方面ゆき）で一〇～一五分。バス停「青砥橋《あおとばし》」下車、徒歩三分。

　ＪＲ鎌倉駅から十二所《じゅうにそ》方面ゆきのバスに乗り、バス停「青砥橋」で降りたところにある、滑川《なめりかわ》に架かる橋が青砥橋である。この対岸は、鎌倉時代、滑川に落とした銭十文を拾うために五十文をかけたという逸話で有名な武士、青砥藤綱《あおとふじつな》屋敷跡と伝えられており、現在、その伝承地に石碑が建てられている。この付近一帯は、現在でこそ鎌倉の中心地からははずれているが、鎌倉時代は鎌倉の外港六浦《むつら》との連絡路、六浦道（金沢街道）沿いの枢要の地であった。残念ながら青砥藤綱の実在は不明であるが、この地域は彼にかぎらず多くの御家人の館が建ち並ぶ武家集住地であった。この一角に鎌倉御家人、足利氏の館も存在していた。

　青砥橋をさらに上流に進むと、虹《にじ》の橋の向かい側に「足利公方邸旧跡」という石碑が建てられている。ここが鎌倉時代、足利氏の本宅「大蔵亭《おおくらてい》」のあった場所であり、鎌倉幕府滅亡後、尊氏がこの場所に嫡子義詮を住まわせ、のちにそれを弟の基氏に引き継がせ、室町幕府の東国出先機関である鎌倉公方の御所とした場所である。ここそは尊氏が鎌倉御家人として青春の日々を送った場所であり、その後の室町時代には、この地から鎌倉公方が関東と甲斐・伊豆十カ国、さらには陸奥・出羽までをも支配した、東国政治の中心拠点である。

なお、『吾妻鏡』や『太平記』には、鎌倉における足利氏の本宅を「大倉亭」とか「大蔵谷」と表現している。現在の鎌倉では「大蔵」は鶴岡八幡宮東側の「雪《ゆき》の下《した》」あたりをさすが、本来の「大蔵谷」は朝比奈《あさひな》までの大きな谷をさしており、ここ字「浄明寺《じょうみょうじ》」付近も「大蔵」と考えられていた。そのため、浄妙寺隣の幽閉先で死去した直義は「大蔵明神」と諡名《おくりな》されており、鎌倉公方亭は室町期には「大蔵谷御所」とか「大蔵の御所」とよばれている（『大乗院日記目録』永享十一年二月十五日条、『永享記』）。

足利公方邸旧跡

この石碑の建っている場所（字「稲荷耕地《いなりこうち》（小路）」）を東端として、西端は浄妙寺までの敷地（字「御所《ごしょ》の内《うち》」）が、おおよそ屋敷の範囲である。周辺の発掘調査でも南北朝時代から室町時代にかけての建物群跡が確認されており、鎌倉公方御所に関連する遺構と考えられている。

延宝二年（一六七四）夏に鎌倉を訪れた徳川光圀《みつくに》（水戸黄門）が編集させた鎌倉の地誌『新編鎌倉志』には、この「公方屋敷跡」のスケッチが載せられている（百六十七頁図版）。これによれば、江戸時代になっても、この場所は荒れ地として放置されていたことがわかる。その理由を「里老《りろう》」は「いずれの時か、古河の公方、お帰りあらんとて、畠《はたけ》にもせず、今に芝野にしておけり」（古河へ遁れた公方さまがいつの日かまたお帰りになるかもしれないと考え、土地の者はこの場所を畠にせずに空き地のままにしてあるのだ）と語ったとされる。たしかに明治時代の地籍図《ちせきず》や戦前の陸軍参謀本部作成の地図をみると、現在の浄明寺町内にはまだ住宅はなく、徳川光圀の時代から戦前にいたるまで、この場所は一面の畠地だったことがわかる。

屋敷の場所は、現在では閑静な住宅地になってしまっているが、それでも注意深く歩いてみると、わずかに鎌倉・室町時代の痕跡を見つけることができる。稲荷小路の住宅地のなかから南をみると、滑川の向こう、十二郷ヶ谷西側に、形のきれいな小山がみえるが、この山が飯《いい》盛山《もりやま》である。室町時代の鎌倉公方の年中行事を書きとめた記録『鎌倉年中行事』のなかには、鎌倉公方が毎年六月一日に「飯盛山の富士」に潔斎《けっさい》し参詣するという記事がみえる。もともとは富士信仰にもとづく浅間社《せんげんしゃ》（富士権現）が祀られていたらしい。きっと若き日の尊氏もこの山を屋敷の守り神として毎日拝していたのだろう。

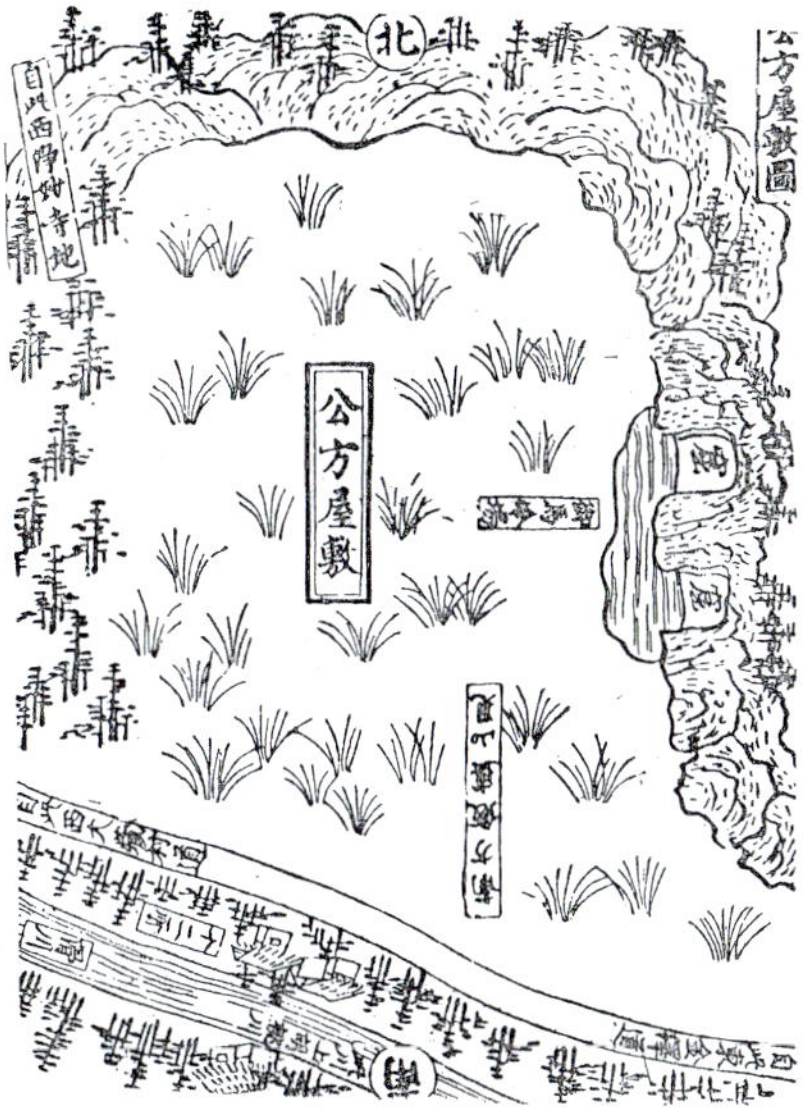

足利公方邸旧跡の絵図
『新編鎌倉志』所収。

このほか『新編鎌倉志』に描かれた公方屋敷のスケッチには、公方屋敷の後背地に二カ所の石窟《せっくつ》が描かれ、そこが源頼朝の名馬「生月《いけづき》」「磨炭《するすみ》」のための「御馬《おうま》冷《ひやし》場《ば》」であったという伝承が紹介されている。伝承の真偽はともかく、この石窟も現在、住宅地の背後の駐車場に残されており、鎌倉公方屋敷跡の碑のある路地をさらに奥に進んだ突き当りに、ほぼ『新編鎌倉志』のスケッチどおりの姿をいまも見ることができる。

浄妙寺《じょうみょうじ》

鎌倉市浄明寺七八
【交通】ＪＲ横須賀線鎌倉駅からバス（十二所方面ゆき）。バス停「浄明寺」下車、徒歩二分。拝観料一〇〇円。

臨済宗建長寺派。山号は稲荷山《いなりさん》。文治《ぶんじ》四年（一一八八）、

浄妙寺

足利氏の祖、足利義兼が、退耕行《たいきょうぎょう》勇《ゆう》を開山として創建した密教系寺院、極楽寺が前身。正嘉《しょうか》年間（一二五七～五九）、蘭《らん》渓道隆《けいどうりゅう》の弟子、月峯了然《げっぽうりょうねん》が住職になってから禅刹《ぜんさつ》となり、寺名も浄妙寺となる。室町時代には、鎌倉五山第五位の寺格を与えられている。

尊氏の父、貞氏は当寺の中興開基として「浄妙寺殿」とよばれ、元弘元年（一三三一）に没した後、当寺に葬られた。裏の墓地には、貞氏の墓と伝わる宝篋印塔が建つが、「明徳三年」（一三九二）の銘文があり、残念ながら貞氏の墓とは認められない（百三十六頁図版）。しかし、足利屋敷に隣接した当寺は、足利氏にとって鎌倉での重要な菩提寺であったと考えられる。

浄妙寺境内図
『新編鎌倉志』所収。

当寺の裏手には尊氏の兄高義《たかよし》の菩提寺である延福寺《えんぷくじ》（雲谷山《うんこくさん》）も建てられていた。寺号は高義の院号「延福寺殿」に由来する。現在、その場所は明確ではないが、『新編鎌倉志』の地図（百六十八頁図版）や「浄妙寺の境内西北」という記述などから、現在の石釜《いしがま》ガーデンテラスの建つあたりにあったと考えられる。延福寺は、尊氏と観応《かんのう》の擾乱《じょうらん》を戦った弟の足利直義が、観応三年（一三五二）、最後に尊氏に降伏し蟄居させられた寺でもある。直義は降伏後、この延福寺で怪死をとげることになる。

なお、直義の死後、その菩提を弔うため、延福寺に隣接して大休寺《だいきゅうじ》（熊野山《ゆうやさん》）が建てられた。直義の屋敷も同じ場所にあり、彼の死後、その場所を菩提寺にしたという。寺号は直義の院号「大休寺殿」に由来する。この大休寺の詳しい場所も不明であるが、『新編鎌倉志』の地図および「延福寺の旧跡の西にあり」という記述から、現在の石釜ガーデンテラスの西側辺りに所在したと思われる。

報国寺《ほうこくじ》

鎌倉市浄明寺二―七―四

【交通】ＪＲ鎌倉駅からバス（十二所方面行き）で一〇～一五分。バス停「浄明寺」下車、徒歩二分。拝観九時～一六時。竹の庭拝観二〇〇円。

臨済宗建長寺派。功臣山《こうしんざん》。建武元年（一三三四）、天《てん》岸慧広《がんえこう》の開山。開基は尊氏の祖父家時とも、宅間《たくま》上杉氏の祖、重兼《しげかね》ともされる。鎌倉の寺院では、有力者が屋敷のなかや隣接地につくった持仏堂が、のちに寺院となった例が多くみられる。おそらく当寺も家時の持仏堂的な寺院を、上杉重兼が本格的な寺院としたのだろう。一八九一年に火災に遭うまでは、仏殿には丈二尺の家時の木像が安置されていた（百二十四頁図版）。室町時代は足利氏によって庇護され、長寿寺などとともに五山十刹につぐ諸山の地位を与えられている。

報国寺

別名「竹の寺」として知られ、境内には多くの孟宗《もうそう》竹《ちく》が生えており、竹の庭を見ながら抹茶をいただくこともできる。境内奥の三つのやぐら（岩をくり抜いた鎌倉独特の墓地）にある宝篋印塔や五輪塔群は、尊氏の祖父足利家時と、永享の乱で自害した足利義久《よしひさ》の墓と伝えられているが、どの墓がそれにあたるかは明らかでない（百二十九頁図版）。本堂前には、新田義貞《にったよしさだ》の鎌倉攻めの際の戦死者を供養した五輪塔群もある。これらは昭和四十年（一九六五）に、由比ガ浜の松並木の地中から発見された枯骨や、東御門《ひがしみかど》のやぐらのなかに放置されていた五輪塔などを譲り受け、当寺で供養したものである。

宝戒寺《ほうかいじ》

鎌倉市小町三—五—二二
【交通】ＪＲ鎌倉駅から徒歩一五分。バスの場合、十二所ゆきバス停「大学前」下車。拝観は八：三〇～一六：三〇。拝観料一〇〇円。

天台宗。金龍山《きんりゅうさん》。鎌倉幕府最後の得宗《とくそう》、北条高時《たかとき》の亭宅跡に、建武二年（一三三五）、その菩提を弔うため尊氏が建立した寺院。後醍醐天皇を開基とし、円観恵鎮《えんかんえちん》を開山とする。二世の惟謙《いけん》（普川国師《ふせんこくし》）は尊氏の次男ともいわれている。

本堂の右手には北条高時を祀る徳宗大権現堂《とくそうだいごんげんどう》もあり、北条高時の束帯姿《そくたいすがた》の木像が安置されている。毎年五月二十二日の鎌倉幕府滅亡の日には徳崇権現会が開かれ、高時像を本堂へ迎え、大般若経《だいはんにゃきょう》の転読《てんどく》が行われている。

本尊の地蔵菩薩像（国重文）は、胎内銘から貞治《じょうじ》四年（一三六五）に三条《さんじょう》法印憲円《ほういんけんえん》という仏師がつくったことが知れる。本堂脇の堂には秘仏の歓喜天立像《かんぎてんりつぞう》（国重文。非公開）が安置されており、鎌倉時代の寄木造《よせぎづくり》で、高さが百五十二センチもある珍しいものである。

宝戒寺

別名「萩《はぎ》の寺」ともいわれるほど、境内には萩の木が多く植えられており、毎年九月には萩の白い花が見学者の眼を楽しませてくれる。しかし、風雅な景観とは裏腹に、そもそもは鎌倉幕府を滅ぼした尊氏の自責の念がつくらせた鎮魂の寺であった。

宝戒寺の東南、東勝寺《とうしょうじ》橋《ばし》を渡ったさきには、北条高時一族が自害した東勝寺跡（小町三―一一。国史跡）がある。元弘三年（一三三三）五月二二日、新田義貞の猛攻のまえに追いつめられた高時らは屋敷を捨て、裏手の東勝寺に逃げ込み、この地で一族八百七十余人が自害し、鎌倉幕府は滅びた。

徳崇大権現堂
宝戒寺内。

近年の発掘調査の結果、石畳や石垣とともに、五間×七間の大型建物跡も見つかり、本堂跡と推定されている。東勝寺は、尊氏の庶子直冬が喝食として預けられた寺でもある。

北条高時腹切りやぐら

東勝寺跡の道をさらに登った場所にある高時腹切りやぐらは高時自害の地と伝えられているが、『太平記』の記述などから、実際の高時が自害したのは東勝寺の建物のなかであったと考えられる。

＊　＊　＊

鎌倉の駅前、小町通りの界隈は、いまでは〝鎌倉の原宿〟とよばれるほど賑やかな場所になってしまっていて、初めて訪れた人は〝古都鎌倉〟のイメージとのギャップにきっと驚くことだろう。それでも、かつて青年尊氏が闊《かっ》歩《ぽ》した大蔵谷の周辺は、まだ閑静な住宅地であり、ゆかりの寺々を訪ねれば〝中世〟に想いを馳せる静かな時間を過ごすことができる。浄妙寺の裏手にかつて存在した延福寺は、尊氏の早世した兄、高義の菩提寺であると同時に、弟直義が最期を迎えた寺でもある。尊氏と鎌倉をめぐる皮肉な運命に思いをめぐらしながら、散策するのもいいだろう。

低灌木の多い鎌倉には〝花の寺〟がいくつもある。今回のルートでいえば、とくに秋は、浄光明寺の彼岸花、浄妙寺の紅葉、報国寺の冬桜、宝戒寺の白萩が見事である。

【参考文献】

家永遵嗣「室町幕府の成立」(『学習院大学文学部研究年報』五四・二〇〇七年)
市沢哲編『太平記を読む』(吉川弘文館・二〇〇八年)
市沢　哲「『難太平記』二つの歴史的射程」(同『日本中世公家政治史の研究』校倉書房・二〇一一年)
上島　有『足利尊氏文書の総合的研究』(国書刊行会・二〇〇一年)
臼井信義「尊氏の父祖」(田中大喜編『下野足利氏』再録、初出一九六九年)
大澤伸啓『日本の遺跡41　樺崎寺跡』(同成社・二〇一〇年)
小川剛生『武士はなぜ歌を詠むか』(角川選書・二〇〇八年)
川合　康「武家の天皇観」(同『鎌倉幕府成立史の研究』校倉書房・二〇〇四年)
川合　康『源平の内乱と公武政権』(日本中世の歴史3)』(吉川弘文館・二〇〇九年、初出一九九五年)
岸田裕之「判紙の中世史」(同『大名領国の政治と意識』吉川弘文館・二〇一一年)
小泉　要「発給文書よりみたる足利義詮の地位と権限」(日本古文書学会編『日本古文書学論集7』吉川弘文館・一九八六年、初出一九七六年)
小谷俊彦「源姓足利氏の発展」(『近代足利市史　第一巻』足利市・一九九七年)
小谷俊彦「鎌倉期足利氏の族的関係について」(田中大喜編『下野足利氏』再録、初出一九八〇年)
小松茂美『足利尊氏文書の研究』(旺文社・一九九七年)
紺戸　淳「武家社会における加冠と一字付与の政治性について」(『中央史学』二・一九七九年)
阪田雄一「高氏・上杉氏の確執をめぐって」(田中大喜編『下野足利氏』再録、初出一九九七年)
櫻井彦・樋口州男・錦昭江編『足利尊氏のすべて』(新人物往来社・二〇〇八年)
佐藤進一『日本中世史論集』(岩波書店・一九九〇年)
佐藤進一『南北朝の動乱(日本の歴史9)』(中公文庫・一九七四年、初版一九六五年)
佐藤進一『足利義満』(平凡社ライブラリー・一九九四年、初版一九八〇年)
清水克行『室町社会の騒擾と秩序』(吉川弘文館・二〇〇四年)
清水克行「足利尊氏の家族」(櫻井彦ほか編『足利尊氏のすべて』新人物往来社・二〇〇八年)

須藤　聡「下野藤姓足利一族と清和源氏」（田中大喜編『下野足利氏』再録、初出二〇一〇年）
瀬野精一郎『足利直冬』（吉川弘文館・二〇〇五年）
高柳光壽『足利尊氏』（春秋社・一九五五年）
田代　誠「軍陣御下文について」（『国史談話会雑誌』二八・一九八七年）
田中奈保「高氏と上杉氏」（田中大喜編『下野足利氏』再録、初出二〇〇五年）
田中奈保「鎌倉期足利氏の経済事情」（『早稲田大学大学院文学研究科紀要』五一―四・二〇〇六年）
田中大喜編『下野足利氏（シリーズ中世関東武士の研究9）』（戎光祥出版・二〇一三年）
田中義成『南北朝時代史』（講談社学術文庫・一九七九年、初版一九二二年）
田辺久子「足利義詮の分骨と墓所」（『鎌倉』六七号・一九九一年）
田端泰子「室町前期の半済」（『日本歴史』六二四号・二〇〇〇年）
千田孝明『足利尊氏と足利氏の世界』（随想舎・二〇一二年）
栃木県立博物館特別展図録『足利尊氏―その生涯とゆかりの名宝』（二〇一二年）
羽下徳彦『中世日本の政治と史料』（吉川弘文館・一九九五年）
藤木久志「鎌倉の祇園会と町衆」（同『戦国の村を行く』朝日選書・一九九七年、初出一九九三年）
藤本正行『鎧をまとう人々』（吉川弘文館・二〇〇〇年）
細川重男『鎌倉幕府の滅亡』（吉川弘文館・二〇一一年）
細川重男『北条氏と鎌倉幕府』（講談社選書メチエ・二〇一一年）
本郷和人「霜月騒動再考」（『史学雑誌』一一二―十二、二〇〇三年）
前田治幸「鎌倉幕府家格秩序における足利氏」（田中大喜編『下野足利氏』再録、初出二〇一〇年）
前田治幸「足利貞氏の讃岐守任官と出家時期」（日本史史料研究会『ぶい&ぶい』一三号・二〇一〇年）
峰岸純夫「新田義貞と足利千寿王」（同『中世の合戦と城郭』高志書院・二〇〇九年）
峰岸純夫『足利尊氏と直義』（吉川弘文館・二〇〇九年）
峰岸純夫『太平記の里　新田・足利を歩く』（吉川弘文館・二〇一一年）
峰岸純夫・江田郁夫編『足利尊氏再発見』（吉川弘文館・二〇一一年）
村井章介「執権政治の変質」（同『中世の国家と在地社会』校倉書房・二〇〇五年、初出一九八四年）

村井章介『分裂する王権と社会（日本の中世9）』（中央公論新社・二〇〇三年）
桃崎有一郎「初期室町幕府の執政と『武家探題』鎌倉殿の成立」（『古文書研究』六八・二〇一〇年）
桃崎有一郎「観応擾乱・正平一統前後の幕府執政『鎌倉殿』と東西幕府」（『年報中世史研究』三六・二〇一一年）
森　茂暁「室町幕府成立期における将軍権力の推移」（日本古文書学会編『日本古文書学論集7』吉川弘文館・一九八六年、初出一九七五年）
森　茂暁「高一族と室町幕府」（『史淵』一一三・一九七六年）
森　茂暁『太平記の群像』（角川選書・一九九一年）
森　茂暁「大塔宮護良親王令旨について」（同『中世日本の政治と文化』思文閣出版・二〇〇六年、初出一九九一年）
山田邦明「足利尊氏と関東」（『季刊中世の東国』七・一九八三年）
山田敏恭「高一族の相剋」（『ヒストリア』二〇六・二〇〇七年）
山家浩樹「室町幕府訴訟機関の将軍親裁化」（『史学雑誌』九四―十二・一九八五年）
吉井功兒「鎌倉後期の足利氏家督」（田中大喜編『下野足利氏』再録、初出二〇〇〇年）
吉田賢司『室町幕府軍制の構造と展開』（吉川弘文館・二〇一〇年）
吉原弘道「建武政権における足利尊氏の立場」（『史学雑誌』一一一―七・二〇〇二年）
渡邉正男「延文二年の追加法」（『室町時代研究』二・二〇〇八年）
『神奈川県の歴史散歩　下』（山川出版社・二〇〇五年）
『栃木県の歴史散歩』（山川出版社・二〇〇七年）

〔付記〕
本書の取材・執筆にあたっては、鎌倉期足利氏に造詣の深い田中大喜氏から多大な御教示を賜った。ただ筆者の旧稿との整合性の関係から一部、田中氏の所説とは齟齬する内容となってしまった点は誠に申し訳なく思う。読者には併せて田中氏の編著を御参照願いたい。また、足利市内の取材では、大澤伸啓氏（足利市立美術館館長）に懇切な御案内をいただいた。大澤氏を御紹介いただいた東国中世史の大先達、峰岸純夫氏と併せて、お三方の御厚情に深く感謝申し上げたい。

足利尊氏略年表

和暦	西暦	年齢	事跡
康治 元	一一四二		安楽寿院領足利荘が立荘される（初代義国）。
建久 六	一一九五		二代義兼（四十二歳）、出家。足利に隠棲。
建長 三	一二五一		四代泰氏（三十六歳）、自由出家につき蟄居。足利に隠棲。
弘長 二	一二六二		五代頼氏（二十三歳）、早世。
弘安 七	一二八四		七代家時（二十五歳）、自害。
正安 四	一三〇二		八代貞氏（三十歳）、発狂。
嘉元 元	一三〇五	一	尊氏誕生。
文保 元	一三一七	十三	六月兄高義死去。
元応 元	一三一九	十五	元服（初名高氏）。十月従五位下、治部大輔。
嘉暦 元	一三二六	二十二	六月勅撰和歌集『続後拾遺集』に入集。
嘉暦 二	一三二七	二十三	庶子直冬誕生。
元徳 二	一三三〇	二十六	嫡男義詮誕生。これ以前に赤橋登子と婚姻。
元弘 元	一三三一	二十七	九月父貞氏死去し、家督継承。元弘の乱鎮圧に出陣。
元弘 三	一三三三	二十九	三月後醍醐討伐に再度出陣。五月六波羅探題攻略。鎌倉幕府滅亡。建武政権発足。 六月鎮守府将軍、従四位下・左兵衛督就任。八月「尊氏」と改名。
建武 元	一三三四	三十	十月護良親王失脚。
建武 二	一三三五	三十一	八月中先代の乱鎮圧に東国下向、鎮圧後も鎌倉にとどまる。十二月竹の下の戦いで新田軍を破り、西上。

建武　三	一三三六	三十二	正月一時入京するも、九州へ敗走。二月室津の軍議。三月多々良浜の戦いで菊池武敏を破る。五月湊川の戦いで楠木正成を破る。六月入京。八月光明天皇擁立。十一月「建武式目」制定（室町幕府の成立）。十二月御醍醐、吉野へ走る（南北朝の分裂）。
暦応　元	一三三八	三十四	五月石津の戦いで北畠顕家戦死。閏七月藤島の戦いで新田義貞戦死。八月征夷大将軍就任。
暦応　二	一三三九	三十五	八月後醍醐、吉野で死去。十月天龍寺創建。
暦応　三	一三四〇	三十六	五月暦応雑訴法を制定。
康永　元	一三四二	三十八	四月五山十刹制を制定。十二月母清子死去。土岐頼遠、不敬により処刑。
貞和　元	一三四五	四十一	二月安国寺・利生塔の制定。
貞和　四	一三四八	四十四	正月高師直、四条畷の戦いで楠木正行を破り、吉野を陥落。
貞和　五	一三四九	四十五	四月直冬、中国探題就任。閏六月直義により師直罷免（観応の擾乱のはじまり）。八月師直の「御所巻」により直義失脚。十月義詮、鎌倉より入京。
観応　元	一三五〇	四十六	十月直義、京都を出奔。十二月直義、南朝に帰順。
観応　二	一三五一	四十七	正月直義、京都制圧。二月打出浜の戦いで直義に降伏（高師直ら殺害）。八月直義、京都出奔。十月南朝と和議（正平一統）。十二月薩埵山の戦いで直義を破る。
文和　元	一三五二	四十八	二月直義死去。閏二月南朝軍、京都を制圧（第一回）し、三上皇を拉致。三月、義詮、京都奪還。七月義詮、観応の半済令を発す。八月義詮、後光厳天皇擁立。
文和　二	一三五三	四十九	六月南朝・直冬軍、京都制圧（第二回）。七月救援のため鎌倉を発つ。九月京都奪還。
文和　三	一三五四	五十	十二月南朝・直冬軍、京都制圧（第三回）。
文和　四	一三五五	五十一	三月京都奪還。
延文　二	一三五七	五十三	二月三上皇、帰京。九月義詮、寺社本所領保護法令を発する。
延文　三	一三五八	五十四	二月九州遠征計画を立てる。四月死去。

著者略歴

一九七一年　東京都に生まれる
一九九四年　立教大学文学部卒業
二〇〇二年　早稲田大学大学院文学研究科博士後期課程
　単位取得退学
現在　明治大学商学部准教授　博士（文学）

〔主要著書〕
『室町社会の騒擾と秩序』（吉川弘文館、二〇〇四年）
『喧嘩両成敗の誕生』（講談社、二〇〇六年）
『大飢饉、室町社会を襲う!』
（歴史文化ライブラリー、吉川弘文館、二〇〇八年）
『日本神判史』（中央公論新社、二〇一〇年）

人をあるく
足利尊氏と関東

二〇一三年（平成二五）十一月一日　第一刷発行

著者　清《し》水《みず》克《かつ》行《ゆき》
発行者　前田求恭
発行所　株式会社吉川弘文館
郵便番号一一三―〇〇三三
東京都文京区本郷七丁目二番八号
電話〇三―三八一三―九一五一〈代表〉
振替口座〇〇一〇〇―五―二四四
組版　有限会社ハッシィ
印刷　藤原印刷株式会社
製本　ナショナル製本協同組合
装幀　有限会社ハッシィ

ISBN978-4-642-06772-0